친구에게 상처 주는 말

욕대장

일러두기

1. 이 책의 87페이지에 나오는 '알알달달'은 '맛이 맵거나 독하여 혀끝이 아리다'는 뜻의 '알알하다'와 '지나치게 단맛이 있다'는 뜻의 '달달하다'라는 순우리말을 가지고 만든 이 책에만 나오는 단어입니다.

2. 각 이야기의 성격에 맞게 문장의 어미를 사용하였습니다.
예를 들어 '이야기 1'에서는 '~이다'로, '이야기 5'에서는 '~입니다, ~이에요'를 사용했습니다.

학교생활 백서 01

욕 대장: 친구에게 상처 주는 말

초판 1쇄 펴낸 날 | 2015년 3월 23일
초판 8쇄 펴낸 날 | 2021년 6월 15일

글 작가 | 박현숙
그림 작가 | 김미진

펴낸이 | 이영남
펴낸곳 | 생각하는책상
등록 | 2013년 5월 16일(제2013-000150호)
주소 | 서울시 마포구 상암동 월드컵북로 402 KGIT빌딩 925D호
전화 | 02-338-4935(편집), 070-4253-4935(영업)
팩스 | 02-3153-1300
메일 | thinkingdesk@naver.com
편집 | 정내현
디자인 | 솜사탕(김은란)

ⓒ 박현숙
ISBN 978-89-97943-19-7(74080)
　　　978-89-97943-18-0(세트)

※ 생각하는책상은 스마트주니어의 어린이책 전문 브랜드입니다.

※ 이 도서의 국립중앙도서관 출판예정도서목록(CIP)은 서지정보유통지원시스템 홈페이지(http://seoji.nl.go.kr)와 국가자료공동목록시스템(http://www.nl.go.kr/kolisnet)에서 이용하실 수 있습니다. (CIP제어번호: CIP2015007908)

※ 어린이제품안전특별법에 의한 제품 표시
제조자명 스마트주니어 | **제조연월** 2016년 6월 | **제조국** 대한민국 | **사용연령** 7세 이상

친구에게 상처 주는 말

욱대장

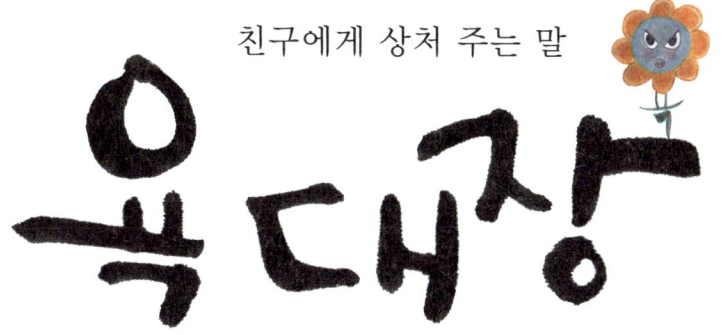

글 박현숙 · 그림 김미진

생각하는책상

차례

추천사 | 6

작가의 말 | 8

1. 언어폭력이란 무엇일까요? | 10
재미있잖아!

2. 언어폭력은 가정에서 시작되어요 | 28
울트라 뚱녀는 나쁜 몸매

3. 욕설과 은어는 과연 힘이 셀까요? | 50
애바샘! 나 세 보이죠?

4. 언어폭력은 말하는 사람과 듣는 사람 모두에게 상처를 입혀요 | 66
문제없다니까, 왜 그래?

 **외모로 사람을 판단할 수는 없어요** | 84
다리를 절룩거리니까 맛없을 거야

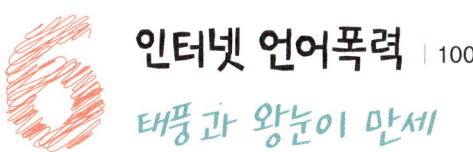 | 100
태풍과 왕눈이 만세

 **스마트폰 언어폭력** | 114
나는 재수 없는 아이도 미운 아이도 아닙니다

 **뜻도 모르고 사용하는 말에 상처를 입어요** | 128
엄마보고 바보라니?

추천사

욕 대장, 아름다운 말 대장이 되다!

우리 조상들은 '혀 아래 도끼 들었다.'고 하여 말을 잘못하면 재앙을 입게 되니 말조심하라고 경계했습니다. 그러나 반대로 생각하면 '행복의 문을 여는 열쇠는 좋은 말'이라는 격언처럼 좋은 말을 많이 하는 것이 얼마나 중요한지도 알 수 있지요.

요즘 아이들의 말이 지나치게 거칠어져 많이들 걱정합니다. '음식은 갈수록 줄고, 말은 할수록 늘게' 마련이고 가루는 칠수록 고와지고 말은 할수록 거칠어지게 마련이기 때문입니다. 그렇다고 어른들 눈으로만 고운 말, 바른말을 강요한다고 아이들 말이 깨끗해지는 것은 아닐 것입니다.

그래서 박현숙 작가의 동화 형식의 『욕 대장』이 반갑고 고맙습니다. 아이들의 세계로 들어가 그들의 눈으로 아이들의 말을 보듬고 바른 말 글살이로 이끌고 있기 때문입니다. 욕이나 거친 말들이 문제가 되는 것은 서로에게 깊은 상처가 되기 때문입니다. 이 책은 욕뿐만 아니라 상처를 주는 언어폭력이 될 수 있는 다양한 아이들의 말의 세계를 폭넓게 다루고 있습니다. 이 책이야말로 진정한 국어 교과서가 되어야 할 것입니다.

정부와 국어 단체들은 온 국민과 함께하는 '안녕, 우리말'이라는 운동을 벌이고 있습니다. '바른 말, 고운 말, 쉬운 말'을 통해 우리 아이들이 당차게 밝고 건강한 생활을 열어 갔으면 좋겠습니다. 우리 욕 대장들이 아름다운 말 대장이 되는 지혜로운 이 책을 추천합니다.

김슬옹*

* Washington Global University 한글학 책임교수, 'KBS 한국의 유산 훈민정음' 해설자, 훈민정음학/국어교육학 박사. 『한글을 지킨 사람들』 외 지음.

작가의 말

　시간이 많이 흘러도 잊을 수 없는 얼굴이 있어요. 초등학교 때의 일이니까 몇 십 년 전의 일이네요. 우리 반에는 공부도 제법 잘 하고 얼굴도 예쁘고 게다가 부자인 친구가 있었어요.
　'오호! 그러니까 그 당시 그 친구가 엄청나게 부러워서 아직도 잊지 못하고 있는 거군요?'
　여러분은 아마 이렇게 묻고 싶을 거예요. 하지만 아니에요. 그 친구는 나를 아주 많이 괴롭혔어요. 내가 시험 점수를 많이 받거나 선생님께 칭찬을 듣는 날은 더 했어요. 그 친구 입에서 나오는 말들을 아마 여러분이 들으면 기절할 정도로 놀랄 거예요. 비록 때리는 것으로 못살게 굴지는 않았지만 그 친구가 나에게 하는 말들은 모두 날카로운 바늘 끝으로 찌르는 것처럼 나를 아프고 억울하게 했답니다.
　나는 어렸을 때였는데도 그 친구의 말에 상처받은 내 마음이 눈에 보이지는 않지만 피투성이가 되어 있을 거라는 상상을 했어요. 아프기도 하고 분하기도 하고 억울하기도 해서 잠을 못 자는 날들도 많았어요. 그리고 그때의 그 아팠던 마음이 지금도 여전히 남아 있답니다. 어른이 된 지금도 그 친구를 떠올리면 미움이 새록새록 솟는답니다.

'그깟 말 한마디 뭐 어때서?', '장난으로 한 말인데 뭐?' 혹시 이렇게 생각하고 있나요? 그렇다면 그 생각을 버려야 해요. 말은 마음에 상처를 남겨요. 밖으로 드러난 상처는 약을 바르고 치료를 하면 금세 낫지만 마음의 상처는 아주 오래오래 남는 거예요. 내가 그런 것처럼 말이에요.

그 친구는 내가 몇 십 년이 지난 지금도 이런 마음을 갖고 있다는 걸 모를 거예요. 그걸 알았더라면 그렇게 하지는 않았겠지요.

나는 이 책을 읽는 여러분에게 묻고 싶어요. 여러분은 친구들에게 어떤 아이로 기억되고 싶나요?

아직도 마음이 아픈 동화 작가

박현숙

1

언어폭력이란 무엇일까요?

이야기 1

재미있잖아!

명준이는 골똘히 생각했다. 머릿속에 여러 가지 말이 풍선처럼 둥둥 떠다녔다.

'쩐다, 졸라, 열라, 찐찌······.'

시시했다.

"좀 더 멋지고 재미있는 말이 없을까?"

명준이는 중얼거리며 교실을 둘러봤다. 아이들이 식판을 들고 서서 떠들고 있었다.

"오늘 반찬 졸라 맛없는 거다. 졸라, 졸라."

"완전 쩔어."

떠드는 말 중에 명준이가 유행시킨 말이 많았다.

명준이는 초등학교 3학년이다. 하지만 키나 몸집을 보면 1학년 같다. 명준이는 자신이 키와 몸집이 작아 아이들이 무시한다는 생각을 자주 했다. 편을 갈라 축구를 할 때도 명준이와 같은 편을 하기 싫어했고, 어떤 놀이를 해도 명준이와 잘 놀아 주지 않았다.

그러던 어느 날 사촌 형이 놀러 온 적이 있었다. 사촌 형은 취미가 게임이고 특기가 욕이라고 했다. 특기가 욕인 사촌 형은 욕은 물론 명준이가 알아듣지 못하는 말을 많이 했다. 사촌 형이 그런 말을 할 때마다 명준이는 사촌 형이 멋져 보였다.

"형, 멋져."

명준이는 사촌 형을 보며 진심으로 말했다.

"멋져? 흐흐흐. 개그맨처럼 재미있어 보이기도 하지? 나는 인기도 많아. 요즘은 말을 멋지게 하고, 유행하는 말을 하는 아이가 인기가 많거든."

사촌 형은 목젖이 훤히 보이도록 웃으며 말했다.

"나도 형처럼 그런 말을 하면 아이들에게 인기가 있을까?"

명준이는 심각하게 물었다.

"그럼 당연하지."

명준이는 그날부터 입에 욕을 달고 다녔다. 사촌 형에게 배운 말도 했다. 명준이가 입만 열었다 하면 외계어 같은 말과 욕이 주르르 쏟아져 나왔다.

아이들은 명준이가 그렇게 말할 때마다 신기하다는 듯 좋아했다. 사촌 형 말대로 명준이는 반에서 인기가 높아지는 것 같았다.

'아, 맞아!'

명준이는 손뼉을 탁 치며 앞으로 나가 식판을 들고 줄을 섰다.

오늘 급식 반찬은 어묵볶음과 김치 그리고 시금치나물과 무슨 튀김과 된장국이었다.

"나는 시금치나물 안 먹어."

명준이는 얼굴을 찡그리고 급식 당번인 소라에게 말했다.

"안 돼. 선생님이 다 나눠 주라고 그러셨잖아. 먹어야 해."

소라는 어림없다는 듯 고개를 절레절레 저었다.

"나는 시금치 안 먹는다고. 시금치는 개맛없어."

명준이는 숟가락으로 식판을 탁 치며 소리쳤다. 소라가 두 눈을 동그랗게 뜨고 명준이를 바라봤다.

"뭘 봐? 개맛없는 거 안 먹겠다는데."

명준이는 히죽거리며 말했다.

"개맛없어? 우히히히. 웃기다. 나는 어묵볶음도 개맛없어."

명준이 뒤에 서 있던 병식이가 킬킬거리며 맞장구쳤다. 그러자 여기저기서 웃는 소리가 터져 나왔다.

"나는 튀김 개맛없어. 느끼해."

"나는 된장국이 개맛없어."

교실은 '개맛없어'로 시끄러워졌다.

명준이 어깨가 으쓱 올라갔다. 아이들이 모두 명준이를 멋지게 볼 게 뻔하기 때문이다.

"김명준. 음식 갖고 그런 말 쓰지 마. 선생님이 그러셨잖아. 음식을 먹을 때는 감사하는 마음을 가져야 한다고."

소라가 이맛살을 있는 대로 찌푸리며 말했다. 명준이는 소라가 또 잘난 척을 한다고 생각했다.

반장 소라는 언제나 그렇다.

"선생님이 그러셨잖아."라면서 바르고 고운 말을 써야 한다, 음식을 먹을 때는 농부님과 부모님 그리고 음식을 만든 분들에게 감사하는 마음으로 먹어야 한다, 완전 잘난 척에 잔소리 대장이다.

소라는 기어이 시금치나물을 집어 명준이 식판에 올려놨다.

'아, 개재수 없어.'

명준이는 이 말을 하고 싶은 걸 간신히 참았다. 소라 성격에 그런 말을 들으면 시금치나물을 더 올려놓고도 남는다.

명준이는 작전을 쓰기로 했다.

'세상에 자기를 칭찬하는 것을 싫어하는 사람은 없으니까.'

명준이는 큼큼거리며 목을 가다듬고 다정하고 부드러운 눈으로 소라를 바라봤다.

"왜 그렇게 봐?"

소라가 눈을 흘겼다.

"이소라. 너 완전 개예뻐."

명준이는 배시시 웃으며 말했다. 소라는 잘난 척도 잘하지만 예쁘다는 말도 엄청 좋아하는 아이다.

"뭐?"

소라가 얼굴을 찡그렸다.

"너 졸라 개이쁘다고. 그러니까 이 시금치나물 좀 빼 줘라."

명준이는 코맹맹이 소리까지 했다.

"개?"

"그래, 개이쁘다고. 완전 쩔게 개이뻐."

갑자기 소라 눈에 눈물이 그렁그렁 차오르기

시작했나. 소라는 입을 씰룩거리며 명순이를 쏘아 봤다. 명준이는 어안이 벙벙했다.

"나는 개 아니거든. 사람이거든."

소라가 울음을 터뜨렸다. 예쁘다는 말을 한 게 뭐 그리 잘못이라고 소라는 악을 쓰고 울었다.

마침 선생님이 교실로 들어오다 그 모습을 봤다. 매일 "선생님이 그러셨잖아."를 입에 달고 사는 소라는 급식 집게를 집어던지고 선생님 품에 안겨 엉엉 울었다.

"선생님, 소라보고 예쁘다고 했는데 그게 뭐 잘못이에요? 왜 울고 개난리래요?"

명준이는 억울했다.

"그게 예쁘다고 한 말

이야? 그리고 난리면 난리지 개난리는 뭐야? 나는 개가 아니라고 몇 번이나 말해야 해?"

소라는 눈물에 콧물까지 철철 흘리며 대들었다.

"그냥 난리라고 하는 것보다 '개'자가 들어가면 재미있잖아. 멋지기도 하고."

명준이는 정말 소라를 이해할 수가 없었다.

"재미있긴 해요."

누군가 교실 뒤쪽에서 말했다.

"것 봐. 소라 네가 이상한 거……."

명준이는 소라를 쏘아보려다 멈칫했다. 선생님이 말없이 명준이를 뚫어져라 바라보았기 때문이다. 명준이는 선생님 눈빛에 온몸이 따끔거렸다.

"오늘 점심을 먹고 난 후 투표를 하겠어요. 명준이가 하는 말이 정말 재미있는지, 아니면 명준이가 말할 때 기분이 나빴던 적이 있는지 말이에요. 모두 솔직하게 자신의 생각을 말하세요."

'흥! 아이들 모두 재미있다고 생각하는데 투표는 해서 뭐 해?'

명준이는 콧방귀를 뀌었다.

명준이는 소라가 잔뜩 담아 준 시금치나물을 먹으며 마음속으로 수없이 소라 욕을 했다. 예쁘다는 말을 공연히 했다고 후회도 했다. 솔직히 따지고 보면 소라는 코도 납작하고 눈도 작은 편이다.

'개예쁘기는 무슨, 개못생겼다.'

명준이는 숨을 쉬지 않고 시금치나물을 씹으며 소라를 흘겨봤다.

점심을 먹고 난 후 선생님이 종이를 나눠 주었다.

"명준이가 하는 말을 들을 때 기분이 어떤지 솔직하게 써서 이 종이 가방에 넣도록 하세요. 아, 자신의 이름은 쓰지 않도록 해요."

선생님은 탁자 위에 종이 가방을 올려놨다. 그리고 칠판에 '재미있었다'와 '기분 나빴다'를 썼다.

'사각사각' 연필 굴러가는 소리를 들으며 명준이는 자신이 넘쳤다. 그동안 아이들은 명준이를 멋있게 본 게 확실했다. 재미있어한 게 분명했다.

드디어 투표가 끝나고 선생님이 종이를 한 장 한 장 꺼내 읽기 시작했다. 그냥 '기분 나빴다'라고 쓴 것도 있었지만 왜 기분이 나빴는지 조목조목 적어 넣은 아이도 있었다.

'나는 강아지를 좋아하기는 하지만 '개'를 넣어 하는 말을 들었을 때, 정말 예쁘다는 말이 아니라 놀리는 것으로 들렸다.'

이렇게 쓴 아이는 보나마나 소라일 것이다.

명준이가 장난이라면서 욕을 할 때 솔직히 기분이 나빴지만, 나쁘다고 말하면 더 나쁜 말을 들을까 봐 겁이 나서 재미있다고 말했다는 아이도 있었다.

명준이는 선생님이 종이를 읽을 때마다 점점 귀밑이 뜨거워졌다. 지난번에 사촌 형이 자기 담임 선생님에게 '담탱이'라고 말한 적이 있었다. 그 말을 할 때 사촌 형이 꼭 선생님과 친구가 된 거 같아 멋져 보였다. 그래서 명준이도 아이들 앞에서 선생님을 담탱이라고 말한 적이 있는데 그 말을 누군가 종이에 썼다. 그 종이를 읽을 때 선생님도 기분이 나쁜 것처럼 보였다.

결과는 19대 2였다.

'기분 나빴다'가 19, '재미있었다'가 2.

2에는 명준이도 들어갔으니까 명준이 외에 단 한 명만 재미있다고 말한 것이다.

"말로 사람을 기분 나쁘게 하는 것도 폭력이에요. 그걸 언어폭력이라고 하지요. 사람을 때리는 폭력이 몸에 상처를 내는 것이라면 언어폭력은 말로 사람의 마음에 상처를 내는 것이에요. 몸에 난 상처는 치료받고 시간이 지나면 아물지만 마음의 상처는 몸에 난 상처보다 더 깊고 오래가고 치료도 어려워요."

선생님이 교실을 둘러보며 말했다. 명준이 고개는 점점 아래로 향했다.

"내가 상대편에게 장난으로 재미로 욕을 하고 비속어를 쓰더라도 상대편이 기분 나쁘면 언어폭력이에요. 명준이가 칭찬이라고 생각하고 소라에게 '개예쁘다'라고 말했을 수도 있어요. 하지만 소라는 울 만큼 그 말이 기분 나빴어요. 그렇다면 그것은 언어폭력이에요."

명준이는 뜨거워지는 목덜미를 손으로 문질렀다.

"말은 그 사람의 얼굴이라고 해요. 거친 말을 쓰는 사람은 아무리 잘생기고 멋지게 생겼다고 하더라도 그렇게 보이지 않아요. 하지만 말에 품위가 있고 바른 말, 고운 말을 쓰는 사람은 비록 못생긴 얼굴을 가졌다고 하더라도 멋지게 보이는 거랍니다."

선생님 목소리가 교실에 잔잔히 울려 퍼졌다.

 ## 생각해 보아요!

🌼 언어폭력이란 위협적인 말이나 공격적인 말, 그리고 욕으로 상대방을 두렵게 만들거나 기분 나쁘게 만드는 것을 말해요. 사람 몸에 직접적인 상처를 내는 폭력도 무섭지만 말로 상대방의 마음에 상처를 내는 것도 무서운 폭력이에요. 몸에 난 상처보다 눈에 보이지 않는 마음의 상처는 치료도 더 어렵고 후유증도 많이 남아요.

🌼 욕을 할 때 상대방을 공격하겠다는 마음 없이 장난으로, 재미있으니까 한다고 하는 경우도 많아요. 그런 경우 화를 내고 기분 나빠하는 사람을 더 이상하게 모는 일도 허다하죠. 그러나 욕을 하는 사람이 재미로 장난삼아 했다고 하더라도 듣는 사람이 화가 나고 기분이 나쁘다면 그것은 언어폭력이에요.

실제 예로 초등학교 5학년 아이가 비쩍 마르고 키가 큰 친구에게 지렁이 같다고 말했다고 해요. 그 말에 주위에 있던 아이들은 모두 웃었고 재미있어 했지요.

지렁이 같다고 말한 친구도 친구를 공격하기 위해서 그런 말을 한 것은 아니었어요. 그저 친구들을 재미있게 해 주려고 했던 말이었지요. 그러나 정작 지렁이 같다는 말을 들은 친구의 상처는 오래 갔어요. 거울 앞에만 서면 자신이 정말 지렁이 같다는 착각까지 들었다고 해요. 그리고 키 큰 유전자를 물려준 아빠를 수없이 원망했다고 해요. 그리고 그런 말을 한 친구를 죽이고 싶다는 생각도 했다고 해요. 비록 친구끼리 재미로 한 말이었지만 그것은 언어폭력이이에요.

   지금 내가 생각 없이 한 말이 누군가에게는 큰 상처를 남긴답니다. 말을 하기 전에 내가 지금 하는 말이 폭력은 아닌지 생각해 봐야 해요.

언어폭력은
가정에서 시작되어요

이야기 2

울트라 뚱녀는 나쁜 몸매

"그렇게 연예인이 좋으면 연예인이랑 결혼하지 그랬어?"

엄마 두 눈에서 푸른 빛 레이저 광선이 쏟아져 나왔다.

화가 나도 단단히 났다는 증거다. 하긴 매일 '울트랑 뚱녀'라는 말을 들으니 그럴 만도 하다.

수진이 엄마는 뚱뚱하다. 솔직히 말하면 뚱뚱하다는 말이 모자랄 정도로 비만이다.

아빠는 그런 엄마에게 '울트라 뚱녀'라고 부른다.

엄마는 그 말을 무지하게 싫어한다. 하지만 아빠는 엄마가 싫어

하거나 말거나 상관도 하지 않는다. 그러더니 오늘은 텔레비전을 보며 엄마를 더 화나게 했다.

날씬하고 예쁜 연예인이 예능 프로그램에 나오자 아빠는 "와! 착한 몸매에 착한 얼굴." 이러면서 화면 가까이 얼굴을 들이밀었다.

그것까지는 괜찮다. 아빠는 고개를 휙 돌려 엄마를 보더니

"나쁜 몸매에 나쁜 얼굴까지." 라고 놀렸다.

수진이는 슬그머니 먹던 사과를 놓고 일어났다. 이럴 때는 얼른 엄마 눈앞에서 사라져야 한다. 그렇지 않으면 폭탄이 수진이에게 떨어진다.

"수진이 너는 언제까지 텔레비전 보고 있을 거니? 숙제 안했지? 숙제도 안하고 매일 텔레비전이나 보니 성적이 그 모양이지. 너 이번 시험에 몇 점 받았어, 응? 2학년인데 아직도 받아쓰기도 제대로 못하면서 텔레비전이 보고 싶어?"

아차! 한 발 늦었다.

"방에 들어간다고, 가."

수진이는 재빨리 몸을 돌렸다.

"너, 또 왜 반말이야? 엄마한테 반말하지 말라고 몇 번이나 말해야 알아들어?"

엄마는 허리에 손을 올리고 고래고래 소리를 질렀다.

엄마는 아빠한테 받은 스트레스를 수진이에게 푸는 것 같았다.

"수진이 너는 아빠 머리를 닮아서 공부를 못하는 거야."

엄마는 아빠가 울트라 뚱녀라고 놀릴 때마다 이렇게 말했다.

"누가 아빠 닮게 낳으래?"

수진이는 자신도 모르게 엄마에게 대들었다.

엄마와 아빠는 밤늦게까지 다퉜다. 아빠는 다투면서도 울트라 뚱녀라는 말을 계속 했다. 나중에 엄마가 울음을 터뜨리고 나서야 집 안이 조용해졌다.

　엄마는 아침에 일어나지 않았다. 아침밥도 하지 않고 출근하는 아빠에게 잘 다녀오라는 말도 하지 않았다. 아빠는 화가 나 있는 엄마에게 또 울트라 뚱녀라고 말하고 집에서 나갔다.

　수진이는 아침도 굶고 학교에 왔다. 배에서 꼬르륵 소리가 나면서 눈앞이 뱅글뱅글 돌았다.

　수진이는 아빠가 원망스러웠다. 점심 급식 시간까지 어떻게 기다릴지 걱정이 태산이었다. 어쩌면 그 전에 굶어 죽을 지도 모른다는 생각이 들었다.

　너무 배가 고파 책상에 엎드려 있는데 선생님이 들어왔다. 선생님 뒤에는 여자아이 한 명이 줄레줄레 따라오고 있었다.

"전학 왔나 보다."

　수진이 짝꿍인 대식이가 중얼거렸다.

"오늘 전학 온 친구예요. 이름은 이가민! 우리 반에 남자 친구가 10명 여자 친구가 9명이었는데 이제 가민이가 전학 와서 똑같이

10명씩 되었네요. 짝지어서 무용을 하거나 놀이를 할 때 참 좋게 되었어요."

선생님은 가민이 어깨에 손을 올리고 소개했다.

가민이는 정말 뚱뚱했다. 얼굴이 둥근 쟁반처럼 크고 넓적했다.

그래서 그런지 눈은 곰보빵에 뚫린 구멍처럼 작았다.

'울트라 뚱녀다.'

수진이는 생각하며 혼자 킥킥거렸다.

쉬는 시간에 아이들이 가민이 옆으로 모여들었다.

"어디에서 전학 왔어?"

"어느 동네로 이사 왔어?"

아이들은 가민이에게 쉬지 않고 물었다. 가민이는 들릴 듯 말 듯 작은 목소리로 아이들이 묻는 말에 대답했다.

뺨이 불그스름해지는 것이 부끄러움을 많이 타는 아이 같았다.

"그런데 가민이 너, 좀 뚱뚱하다. 자리가 비좁아."

가민이 짝꿍이 된 민성이가 얼굴을 찌푸리며 말했다. 가민이는 당황해하며 의자를 옆으로 끌었다.

"울트라 뚱녀. 나쁜 몸매."

수진이는 중얼거렸다. 자기도 모르게 저절로 나온 말이었다. 그 말에 아이들이 서로를 마주 봤다.

"수진아. 뭐라고 했어? 다시 말해 봐."

대식이가 물었다.

"쟤 울트라 뚱녀라고. 나쁜 몸매라고."

수진이는 두 팔을 앞으로 내밀어 원을 그리며 가민이를 턱으로 가리켰다. 배가 이만큼 나왔다는 뜻이다.

"울트라 뚱녀!"

아이들이 와르르 웃음을 터뜨렸다. 가민이는 빨개진 얼굴이 더 빨개져서 어쩔 줄 몰라 했다.

"나쁜 몸매래."

대식이는 신이 나서 목소리를 높였다.

교실은 자글자글 시끄러워졌다. 그런데 가민이는 아무 말도 하지 않았다. 수진이 엄마처럼 따지지도 않았고 대들지도 않았다. 가민이의 그런 모습을 보자 이상하게 수진이는 기운이 났다.

"나쁜 몸매에 나쁜 얼굴이야."

수진이는 교실 천장을 쳐다보며 혼잣말처럼 말했다. 아이들 눈이 모두 수진이에게 쏠렸다.

"못생긴 거를 나쁜 얼굴이라고 해."

수진이는 자랑스럽게 말했다.

가민이를 놀릴 때마다 수진이의 마음속에 가득 차 있던 덩어리 같은 게 파도처럼 밖으로 밀려 나갔다. 속이 시원했다.

가민이는 첫날부터 나쁜 몸매에 나쁜 얼굴인 아이가 되었다. 당연히 아이들은 가민이와 친하게 지내려 하지 않았다. 가민이 짝꿍인 민성이도 몸을 옆으로 돌리고 앉았다. 그리고 공연히 가민이에게 화를 내기도 했다. 가민이는 혼자 화장실에 가고 밥도 혼자 먹었다.

오늘 가민이는 아침부터 어디가 아픈 것처럼 보였다. 열이 나는지 얼굴이 빨갛게 달아오르고 기침도 했다.

"가민이는 아파서 체육은 못할 거 같아요. 가민이는 보건실에 가도록 하고 다른 친구들은 모두 운동장으로 나가서 달리기하도록 할 거예요. 곧 가을 체육 대회가 있는 거 알지요?"

3교시를 시작할 때 선생님이 말했다.

"나쁜 몸매가 왜 아파? 밥도 많이 먹으면서. 짝이 없으면 나는 달리기 어떻게 하라고."

민성이가 투덜거렸다. 가민이는 꼭 큰 잘못을 한 아이처럼 고개를 숙이고 보건실로 갔다.

체육이 끝나고 교실에 들어왔을 때 가민이는 돌아와 자리에 앉아 있었다. 그런데 더 아파 보였다.

"아무래도 안 되겠다. 가민이는 집에 가도록 해. 집에 엄마 계시지?"

선생님은 가민이 이마를 짚어 보며 걱정스런 얼굴로 말했다. 그리고 선생님이 직접 가민이 가방을 챙겨 주었다.

"울트라 뚱녀가 왜 아파? 우리 엄마는 절대 안 아픈데."

수진이는 힘없이 교실에서 나가는 가민이 뒤통수에 대고 입을 삐죽거렸다.

그런데 수업을 모두 마쳤을 때다.

"선생님. 제 휴대폰이 없어졌어요."

휴대전화를 걸어 놓는 바구니 앞에서 민성이가 팔짝거리며 뛰었다. 수진이 반은 아침에 수업을 시작할 때 휴대전화를 모두 바구니에 걸어 놓았다가 집에 갈 때 가지고 간다.

"분명 아침에 바구니에 넣어 놨어요. 어떻게 해요? 그거 우리 아빠가 생일 선물로 사 준 최신식 스마트폰이란 말이에요."

민성이는 금세 왕 구슬만한 눈물을 뚝뚝 떨어뜨렸다.

"울지 말고 잘 찾아 봐."

선생님은 탁자 아래를 살피며 말했다.

"없다고요. 누가 훔쳐 갔나 봐요. 난 몰라요."

민성이는 제자리에 풀썩 주저앉더니 발버둥을 치며 울었다.

"훔쳐 갔다고? 누가?"

"우리 반에 도둑이 있는 거야? 누가 도둑인데?"

교실이 시끄러워졌다.

"혹시 가민이 아니야?"

대식이가 수진이 귀에 대고 속삭였다. 수진이는 뒤에 앉은 아이에게 귓속말로 "가민인가 봐." 이렇게 말했다. 그 아이는 다른 아이에게 또 귓속말을 했다.

귓속말로 돌고 돌은 말은 맨 뒤에 앉은 한진이에게로 갔다. 한진이가 손을 번쩍 들고 말했다.

"가민이가 가져갔나 봐요."

한진이 말에 선생님의 눈이 커졌다.

"가민이는 나쁜 아이거든요."

한진이 표정이 심각했다.

"가민이가 나쁜 아이라고? 왜?"

휴대전화 바구니가 놓여 있던 사물함을 들어내던 선생님이 물었다.

"나쁜 몸매에 나쁜 얼굴이잖아요. 그러니까 나쁜 아이지요."

한진이는 망설이지 않고 말했다.

"맞아요. 체육 시간에 가민이만 운동장에 나가지 않았어요. 보건실에서 일찍 돌아왔을 수도 있어요."

민성이가 팔뚝으로 얼굴을 문지르며 일어났다.

"가민이가 제 휴대폰을 가져갔어요."

민성이는 주먹을 불끈 쥐기까지 했다.

"맞아. 가민이야, 가민이."

아이들이 맞장구쳤다.

그때였다. 낑낑거리며 사물함을 들어내고 그 뒤를 기웃거리던 선생님이 몸을 일으켰다.

"이거 민성이 네 거니?"

선생님 손에는 휴대전화가 들려 있었다.

"맞아요, 제 거예요."

민성이가 잽싸게 선생님이 들고 있는 휴대전화를 낚아챘다.

"모두 조용히 해요."

선생님이 탁자 앞에 서서 교실을 둘러봤다. 수진이는 어깨를 움츠렸다. 나지막하고 무서운 선생님 목소리를 들으니, 선생님이 금방이라도 불호령을 내릴 것 같았다.

"선생님은 휴대전화가 없어졌다고 했을 때부터 바구니에서 흘렀을 거라고 생각했어요. 왜냐하면 바구니가 비좁다는 생각을 전부터 해 왔거든요. 최신식 스마트폰은 크기가 점점 커져서 말이에요. 그래서 바구니가 있던 주변을 찾아봤던 거예요. 진작 큰 바구니로 바꾸지 못했던 선생님 잘못이 커요."

 선생님은 한 명 한 명 뚫어져라 쳐다보며 말했다.

 "그런데 가민이 보고 나쁜 몸매, 나쁜 얼굴이라고 하던데 그게 무슨 뜻인가요?"

 "가민이가 뚱뚱해서 나쁜 몸매라고 하고 얼굴이 못생겨서 나쁜 얼굴이라고 해요."

 휴대전화를 찾아서 좋은지 민성이가 큰 소리로 대답했다.

"나쁘다는 말은 마음과 행동을 나타낼 때 쓰는 말이에요. 누가 그런 말을 처음 시작했나요?"

"수진이요."

대식이가 손을 번쩍 들고 말했다. 수진이는 대식이 허벅지를 힘껏 꼬집었다. 놀릴 때는 같이 놀려 놓고 이제 와서 고자질이라니. 대식이는 허벅지를 끌어안고 죽는 소리를 했다. 선생님이 수진이 앞으로 다가왔다. 선생님 눈이 얼마나 무서웠는지 수진이는 눈물이 핑 돌았다.

"수진이는 어디서 그런 말을 들었나요?"

"우리 아빠가 엄마한테 그랬어요. 으앙."

수진이는 울음을 터뜨렸다.

"울지 말고 오늘 집에 가면 아빠에게 말씀드리세요. 그 말은 잘못된 말이라고요. 얼굴이 예쁘지 않다고, 몸매가 날씬하지 않다고 해서 나쁜 사람은 아니에요."

"으앙. 우리 엄마도 착해요."

수진이는 흐르는 콧물을 들이마시며 말했다.

 생각해 보아요!

🌼 언어는 습관이고 우리의 뇌는 익숙한 것을 그대로 행동으로 나타내게 되지요.

가정에서 언어폭력을 당한 아이들은 익숙하게 다른 사람들에게 똑같이 행동하게 된답니다. 부모의 행동을 보고 괜찮다고 생각하기 때문이지요.

🌼 아이들은 부모님에게서 학업이나 친구 관계 그리고 가정생활에 대해 많은 말을 듣습니다. 친구나 형제와 비교하는 말, 성적으로 인해 자존심에 상처를 받는 말, 밥을 먹고 옷을 입는 작은 행위까지 말입니다. 부모님이 사랑이라는 이름으로 무심코 하는 말이고, 아이가 잘 되라고 하는 말이지만 그 말은 아이들을 아프게 하는 폭력이 됩니다. 아이들은 자존심이 상하는 말을 듣는 것보다 차라리 매를 맞는 편이 훨씬 낫겠다고 생각합니다. 부모님의 말이 마음에 상처를 남기게 되는 거지요.

놀랍게도 부모님의 언어폭력으로 받는 스트레스가 학업이나 친구 관계에서 받는 스트레스보다 훨씬 높다고 합니다.

언어폭력으로 인한 상처는 불안 증세와 분노, 우울한 마음, 의욕까지 모두 잃게 합니다. 신체적으로 입는 상처보다 훨씬 더 심각하지요.

❀ 가정에서의 언어폭력은 아이의 뇌에도 심각한 영향을 준다고 합니다. 어렸을 때부터 부모님의 언어폭력에 노출된 아이들은 언어 이해와 언어 지능 지수가 떨어진다고 합니다.

❀ 텔레비전 예능 프로에서 자주 등장하는 말로 사람의 신체와 외모를 윤리적, 도덕적으로 판단하는 경우가 많아요. 날씬한 몸매를 '착한 몸매', 예쁜 얼굴을 '착한 얼굴'이라고 하는 말을 흔히 듣지요. 또 어떤 연예인은 멋지고 잘생긴 얼굴을 '친절한 얼굴', 운동으로 잘 다듬어진 몸매를 '친절한 몸매'라고 하고 그와 반대로 '불친절한 얼굴', '불친절한 몸매'라고 말하곤 하는데요. 이것은 잘못된 말이에요. '착하다', '친절하다'는 말이나 마음씨, 태도를 나타내는 말이지 외모를 나타내는 말은 아니랍니다. 예쁘고 날씬하고 멋지지 않다고 해서 나쁘고 불친절하다는 말까지 듣는다면 그것은 정말 굉장한 언어폭력이지요.

욕설과 은어는
과연 힘이 셀까요?

이야기 3

애바샘! 나 세 보이죠?

강선이는 영화에 폭 빠졌다. 아빠가 다운받아 놓은 영화인데, 그것을 아빠 몰래 한 번 봤는데 자꾸 보고 싶어진다. 강선이는 학교에서 돌아오면 안방에 들어가 영화부터 본다.

"와. 정말 세다."

강선이는 영화에 나오는 조폭 대장이 부러웠다. 검은 양복을 입고 콧수염을 기른 조폭 대장이 나타나면 수많은 조폭들이 허리를 구십 도로 숙이고 '형님' 이런다. 조폭 대장이 욕을 하면 모두 벌벌 떨었다. 강선이 눈에 조폭 대장은 세상에서 제일 힘이 세고 강

해 보였다.

강선이는 영화를 보고 나면 거울 앞에 서서 조폭 대장이 했던 말을 흉내 내 보았다. 키도 작고 몸도 마른 강선이지만 그런 말을 하면 왠지 자신이 강하고 힘이 세 보였다.

강선이는 학교에서도 영화에서 본 말들을 아이들에게 하기 시작했다. 욕이 섞인 말들을 하니 강선이를 대하는 아이들이 달라지는 것 같았다. 왠지 무서워하는 것 같기도 하고 부러워하는 것 같기도 했다.

강선이는 복도를 걸을 때도 한쪽으로 걷는 법이 없었다. 가운데로 활개를 치며 걸었다. 어깨는 쭉 펴고 가슴은 내밀고 말이다. 뒤꿈치를 들고 오른쪽으로 조심스럽게 걷는 것은 약한 아이들이 하는 행동 같았다.

급식을 받을 때도 줄을 서는 법이 없었다. 그냥 새치기하고 싶은 곳에 쑥 들어가고 만다. 그래도 아이들은 강선이에게 아무 말도 하지 않았다. 공연히 한마디 했다가 수십 배도 넘는 욕을 들을 수 있기 때문이다. 강선이는 자신이 힘이 세서 아이들이 그러는 거라고 생각했다.

"김강선! 밥을 깨끗하게 다 먹어야지, 남기면 어떻게 해?"

점심시간에 식판을 훑어보던 선생님이 강선이가 내 놓은 식판을 보며 소리쳤다. 먹기 싫은 반찬을 뒤죽박죽 섞어 놓은 강선이 식판은 엉망진창이었다.

"버려지는 음식물이 한 해에 얼마인 줄 알아? 세계에는 지금 먹을 것이 없어 굶는 아이들도 많아."

선생님은 강선이가 남긴 반찬을 바라보며 한숨을 쉬었다.

"그게 나랑 무슨 상관이람."

강선이는 퉁명스럽게 말했다.

"뭐라고?"

선생님은 얼굴을 찡그리며 강선이를 바라봤다. 강선이는 얼른 선생님 눈을 피해 창밖을 쳐다봤다.

"이거 다 먹어."

선생님이 명령하듯 말했다. 말도 안 된다. 뒤죽박죽 섞어 놓은 것을 다시 먹으라니. 강선이는 힘차게 고개를 저었다.

"더럽게 그걸 어떻게 먹어? 애바샘이나 먹으라고."

그러면서 강선이는 중얼거렸다.

선생님은 강선이가 하는 말을 듣지 못했는지 앞으로는 이러지 말라며 계속 말을 했다.

"아, 진짜 졸라 잔소리쟁이야."

강선이는 또 중얼거렸다.

"김강선. 뭐라고? 지금 뭐라고 했어?"

선생님이 그 말을 들은 모양이었다.

"잔소리쟁이 맞잖아요?"

강선이는 볼멘소리를 했다.

선생님은 강선이에게 반성문을 쓰라고 했다. 선생님에게 잔소리쟁이라고 했다고 말이다. 선생님은 어른에게 하는 말은 공손해야 한다고 했다.

"잔소리쟁이한테 잔소리쟁이라고 한 게 뭐가 잘못이야? 에이, 애바샘 때문에 내가 못살아."

강선이는 종이를 책상 위에 올려놓고 앉아 끝없이 투덜거렸다.

"애바샘이 뭐야?"

청소를 하고 있던 보민이가 물었다.

"애벌레 같고 바퀴벌레 같은 선생님이라는 말이야. 고등학생 형들은 그런 말을 많이 해."

강선이는 연필로 종이를 휘갈겼다. 반성할 게 정말 하나도 없는 것 같았다.

강선이는 반성문에 '잘못했습니다.'만 수십 번 써서 냈다. 그러면서 속으로는 '내가 뭘 잘못했어?' 이랬다.

"김강선. 뭘 잘못했는지는 잘 알고 있지?"

선생님의 말에 강선이는 묵묵히 서 있기만 했다. 강선이는 반성문을 들고 교실에서 나가는 선생님 뒷모습에 대고 입을 삐죽거렸다.

체육 시간이었다. 며칠 동안 비가 내린 뒤라 하늘은 맑고 깨끗했다.

"운동장에서 해요. 지난 체육 시간도 그렇고 그 전 체육 시간에도 교실에서 수업했잖아요."

보민이가 손을 번쩍 들고 말했다.

그러자 너도 나도 보민이 말에 맞장구를 쳤다.

"좋아. 그렇게 하자. 그런데 뭘 할까? 달리기할까, 피구할까?"

"피구요."

"그래. 피구."

선생님 말에 아이들은 환호성을 지르며 의자에서 일어났다.

"싫어요. 축구해요. 선생님은 왜 여자아이들 말만 들어요?"

그때 누군가 잔뜩 볼멘소리를 했다.

"축구해요."

그 말에 강선이도 나섰다. 하지만 이미 교실 문을 나서던 선생님은 그 말을 듣지 못한 모양이었다.

"어서들 나와."

선생님은 교실 문 앞에서 뒤돌아서더니 손을 번쩍 들고 활짝 웃었다.

"아, 진짜 축구하자니까, 샘은 왜 내 말을 씹어요?"

강선이는 소리를 버럭 질렀다.

활짝 웃던 선생님 표정이 점점 굳어갔다. 선생님은 흔들던 손을 내리고 강선이에게 앞으로 나오라는 눈짓을 했다.

"아, 내가 뭘 잘못했다고."

강선이는 어깨를 쭉 펴고 나가며 투덜거렸다.

"김강선."

선생님이 굳은 목소리로 강선이를 불렀다.

"왜요?"

"왜요? 선생님이 부르면 '예' 하고 대답해야지."

선생님은 강선이 눈을 똑바로 쳐다봤다. 강선이는 고개를 휙 돌려 버렸다.

"선생님이 네 말을 씹는다고? 씹는다는 말이 무시한다는 뜻이니? 선생님은 네 말을 무시한 적도 없지만 네가 그렇다고 생각하면 바른 말로 물어봐야 할 거 아니니? 그런 말 써도 되는 거니?"

"나는 샘한테 깝친 거 아니거든요."

선생님이 화가 난 것 같았다. 강선이는 슬며시 겁이 났다.

"깝치는 거는 또 뭐야? 휴우."

선생님이 교실 바닥이 꺼져라 한숨을 쉬었다.

"오늘 체육은 그냥 교실에서 하도록 하겠어요. 선생님이 너희들에게 할 말이 있어."

선생님이 탁자 앞으로 다가왔다.

"에이. 김강선 너 때문이야."

아이들이 강선이를 원망했다.

"아, 진짜 씨탱. 뭐가 나 때문이야. 샘 때문이지."

강선이는 두 주먹을 불끈 쥐고 아이들을 둘러봤다. 그러자 아이들이 조용해졌다.

선생님은 칠판에 강선이가 했던 말을 썼다.

'애바샘, 졸라, 씹는다, 깝치다, 씨탱, 열나…….'

강선이는 깜짝 놀랐다. 선생님은 강선이가 쓰는 말을 다 알고 있었다.

"이 중에서 강선이가 선생님에게 했던 말은 이거야."

선생님은 칠판에 쓴 말 중에 강선이가 선생님에게 했던 말에 동그라미를 쳤다.

"강선이가 선생님에게 이런 말을 했을 때 선생님은 정말 기분이 나빴어. 우울하기도 하고, 슬프기도 했어."

선생님은 말을 하며 슬프기도 하고 우울하기도 한 그런 표정을 지었다.

"김강선 일어나 봐. 강선이는 왜 이런 말을 쓰지?"

"그야 뭐……."

강선이는 우물거렸다.

"그런 말을 하면 세 보인다고 했어요."

보민이가 발딱 일어나 말했다. 강선이는 눈을 부릅뜨고 보민이를 노려봤다.

"세 보인다고? 강선이는 정말 그렇게 생각하니?"

선생님이 강선이 앞으로 다가왔다.

"예. 뭐…… 세 보여야 말을 해도 무시하지 않고 다 들어주거든요."

강선이는 선생님 눈을 피하며 말했다.

"너희들 강선이가 욕을 하고 이상한 말을 할 때 세 보였니?"

선생님이 아이들을 둘러봤다.

"아니요. 그런 욕을 얻어먹을까 봐 걱정되었어요. 욕을 먹으면 창피하잖아요. 선생님처럼 우울하고 슬퍼져요."

또 보민이가 나섰다.

"그래. 말을 거칠고 험하게 한다고 해서 다른 사람들이 내 말을 다 들어주고 나를 강하고 세게 본다는 것은 잘못된 생각이야. 말의 힘은 욕이나 거친 것에서 오는 게 아니야. 상대편을 감동시키고 위해 주며 위로를 주는 말이 정말 힘이 센 말이야. 그런 말을 하는 사람은 모든 사람이 좋아하는 진짜 센 사람이 되는 거야. 김강선, 알았어?"

선생님은 강선이 손을 힘껏 잡았다.

 ## 생각해 보아요!

🌼 아이들이 욕을 하고 은어를 쓰는 이유는 여러 가지가 있어요. 재미로, 장난으로, 남들이 하니까, 안 하면 나만 따돌림당하니까. 그중 '남에게 강해 보이기 위해서'라는 이유도 있어요.

아이들은 영화나 드라마에 등장하는 조폭들이, 험상궂은 외모와 더불어 입에서 나오는 강한 욕설이 그들을 더욱 무섭고 센 존재로 보이게 한다고 생각해요. 실제 욕을 많이 하는 친구들에게는 따지고 대드는 친구가 없는 것 같기도 하고요. 친구들과 대화를 할 때 욕을 하지 않으면 나만 약하게 생각된다는 사람이 많아요.

말은 습관이 되고 습관은 때와 장소를 가리지 않게 되지요. 수업 시간이 되고 선생님이 들어와도 쉬는 시간에 하던 욕을 그대로 하는 아이들이 많다고 해요. 선생님이 야단치면 비속어와 은어로 대드는 일도 있고요.

"내가 강하게 말하면 선생님도 꼼짝 못해요."

실제 이런 말을 하는 친구도 있어요.

말이 힘이라는 것은 사실이에요. 엄청난 힘을 갖고 있지요. '말 한마디로 천 냥 빚을 갚는다.'라는 속담이 있어요. 그만큼 말의 힘이 크다는 뜻이에요. 그러나 말의 힘은 욕설과 저속한 것에서 오는 게 아니랍니다.

상대방을 내 말에 공감하게 하고 감동시킬 때 진심으로 힘이 센 말이 되는 거지요. 실제 우리 역사에도 말 한마디의 힘으로 적을 물리친 위인도 많아요. 그들이 적군 앞에서 욕을 해서 물리친 것은 아니겠지요?

언어폭력은
말하는 사람과 듣는 사람
모두에게 상처를 입혀요

이야기 4

문제없다니까, 왜 그래?

"동진이를 좀 보고 배워. 동진이는 공부도 잘하고 예의도 바르고 모범생이잖니."

엄마가 나를 한심하다는 듯 쳐다보며 말했다.

동진이 반만 따라가도 좋겠다는 눈빛이었다.

그건 엄마가 몰라서 하는 말이다.

요즘 동진이는 변했다. 변해도 아주 많이 변했다.

"대답 안 해? 또 동진이와 같은 반이 되었으니까 좀 배우라고!"

"알았다고."

나는 소리를 빽 질렀다. 그렇지 않아도 동진이와 같은 반이 된 걸 생각하면 가슴이 콩닥거리는데.

엄마 말대로 동진이는 모범생이었다. 공부도 잘하고 어른들을 보면 꼬박꼬박 인사하고 친구들하고도 사이좋게 지내는 그런 아이였다. 그런데 그건 3학년 1학기까지였다. 3학년 여름 방학이 지나면서 동진이는 조금씩 변하기 시작했다.

아이들 말에 공연히 짜증을 부리고 제 마음에 들지 않으면 욕을 했다.

나는 요즘 동진이가 무섭다. 동진이 눈빛도 무섭고 동진이가 입을 오물거리며 무슨 말인가 하려고 하면 동진이 입도 무서워진다.

"호철이는 나와 제일 친해."

동진이는 이러면서 항상 나와 함께 다니려고 한다.

나와 동진이가 친하다는 말이 아주 틀린 말은 아니다. 동진이와 나는 유치원에 다닐 때부터 같은 반이었고 학교에 입학하고 나서도 1학년부터 4학년에 막 올라간 지금까지 약속이나 한 듯 같은 반이었다.

엄마도 동진이 엄마를 좋아한다. 동진이네는 엄청난 부자다. 할아버지와 아빠가 의사라고 했다. 엄마는 동진이 엄마가 돈이 많아서인지 친하게 지내는 엄마들에게 밥도 잘 사주고 차도 잘 사준다고 했다. 거기에다 공부에 대해 정보가 무지하게 빨라 배울 게 많다고 했다.

"동진이만큼만 하면 내가 소원이 없겠다."

현관문을 나오는데 엄마가 내 뒤통수에 대고 말했다.

당장 휙 돌아서서 '동진이가 얼마나 나쁜 아이가 되었는 줄 알아? 입에 욕을 달고 살아. 나는 동진이 때문에 못살겠다고.'

이러고 싶은 걸 간신히 참았다.

내가 엄마에게 그런 말을 하면 엄마는 분명 동진이 엄마에게 말할 거다. 그러면 동진이가 가만두지 않겠다고 했다. 동진이는 덩치도 크고 힘도 세다. 하지만 동진이한테 한 대 얻어맞는 게 무서운 것이 아니다. 맞는 것 보다 더 겁나는 것은 동진이한테 듣는 욕이었다.

"에이."

나는 길가에 있는 돌멩이를 걷어찼다. 내 입이 꽁꽁 묶인 것 같았다.

"호철아."

그때였다. 동진이가 횡단보도 건너편에서 손을 번쩍 들고 아는

체 했다. 나는 동진이가 횡단보도를 건너올 때까지 서서 기다렸다.

"존나, 피곤해. 어젯밤에 엄마 때문에 개고생했네."

동진이는 내 어깨에 손을 올리더니 개고생이라는 말을 하며 내 머리를 후려쳤다.

"졸라 볶아. 공부하라고 달달 볶는다고. 에이…… 엄마가 사라졌으면 좋겠다."

동진이는 구시렁구시렁 욕을 해 댔다.

동진이는 자기 엄마한테 야단을 맞고 나면 나와 아이들에게도 욕을 더 심하게 했다.

'저런 게 예의 바른 거야?'

나는 속으로 말하며 동진이 뒤를 따라갔다.

"호철이 너 왜 아무 말도 안 해?"

구시렁거리며 앞서 가던 동진이가 돌아봤다.

"뭘?"

나는 눈을 깜박거리며 동진이를 빤히 쳐다봤다. 나한테 뭘 물어본 적도 없다. 그런데 무슨 말을 하라고.

"내 말에 왜 아무 말도 안하냐고, 새끼야……."

동진이는 이번에는 나에게 쉬지 않고 욕을 하기 시작했다. 그동안 동진이에게 수없이 들어본 욕도 있었고 오늘 처음 듣는 욕도 있었다. 대체 어디서 저런 욕을 배우는지 모르겠다.

나는 두 귀를 꽉 막고 싶었다. 동진이가 하는 욕이 내 살을 파고드는 것 같았다.

동진이 욕을 들으면 내가 바보가 되는 것 같고 쓸모없는 아이가 되는 것 같다. 곧 죽을 수도 있을 것 같고 죽어야 할 것 같기도 했다.

"아이씨. 더 이상 어떻게 하라고?"

욕 끝에 동진이는 길가 목욕탕 간판을 걷어찼다.

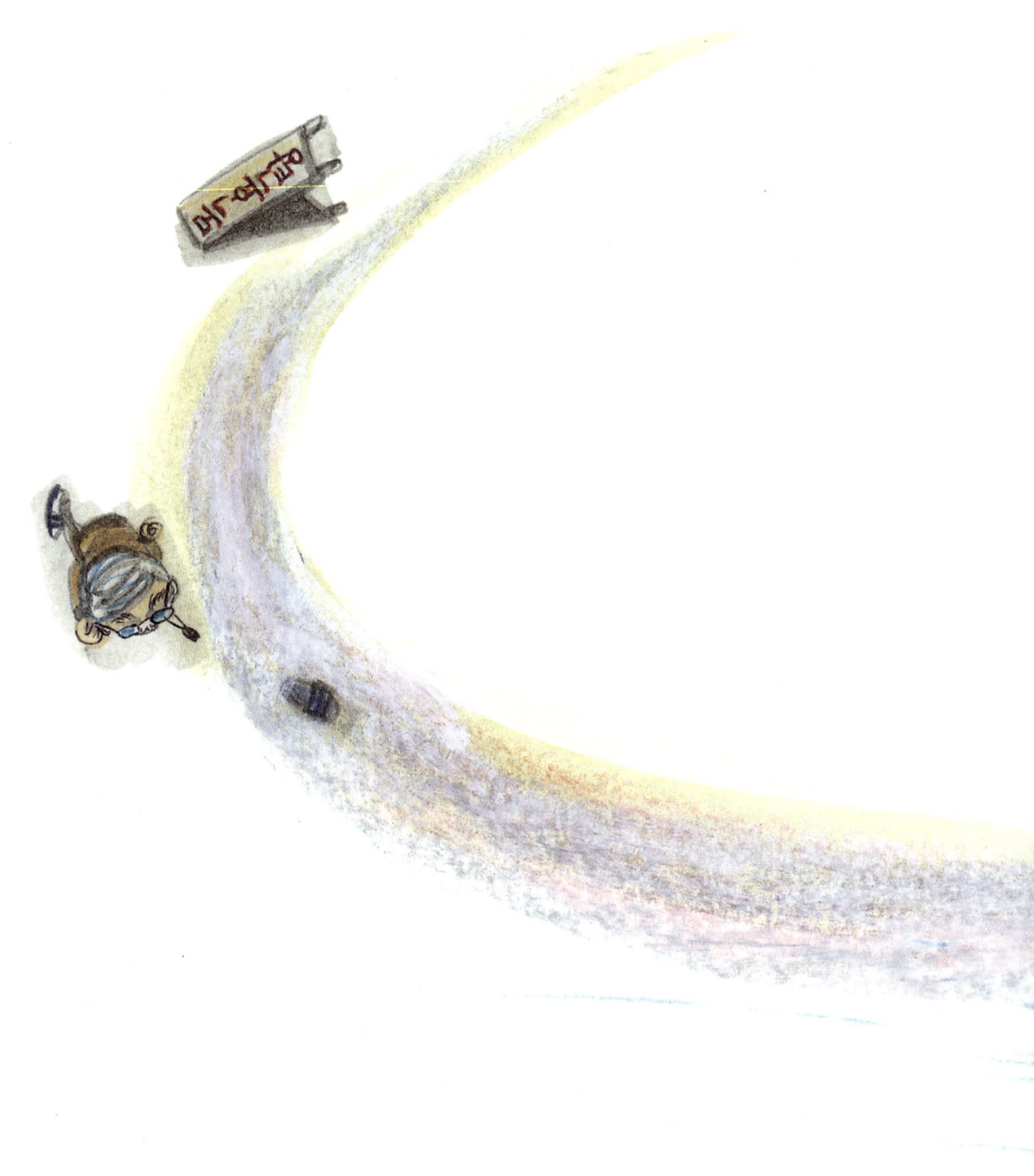

저 말은 자기 엄마한테 하는 말이다.

"죽어, 죽어, 죽어."

동진이가 간판을 마구 걷어찼다. 저건 누구에게 하는 말인지 모르겠다.

"이놈들. 왜 간판을 차고 난리니?"

목욕탕 주인아저씨가 주먹을 쥐고 뛰어나왔다.

동진이는 재빠르게 도망을 쳤다.

나도 헐레벌떡 동진이 뒤를 따라갔다.

모퉁이를 돌아서 목욕탕이 보이지 않자 동진이는 목욕탕 아저씨에게 욕을 하기 시작했다. 그깟 간판이 얼마나 한다고 그러냐고 목욕탕 아저씨보고 쩨쩨하고 좁쌀 같다고 했다.

기적이 일어났다.

4학년이 되어 처음 본 시험에서 국어가 백 점이었다. 성적표를 바라보는데 기분이 좋아 덩실덩실 저절로 어깨가 들썩였다.

"좋냐?"

그때 동진이가 나를 노려봤다. 동진이는 국어에서 한 개 틀렸다고 했다. 나는 동진이를 보며 더 이상 좋아하지 못했다.

일은 엄마 때문에 터졌다. 내가 백 점을 맞자, 아니 솔직히 말하면 동진이보다 점수를 더 좋게 받자 엄마는 신이 났다.

"동진이 엄마. 우리 호철이가 백 점을 받았어. 동진이는 하나 틀렸다고 하더라."

신이 난 엄마는 당장 동진이 엄마에게 전화를 걸었다. 말리려고 했지만 엄마가 얼마나 빠른지 말릴 시간이 없었다.

'큰일 났다. 동진이 엄마가 가만있지 않을 테고 그러면 동진이도 가만있지 않을 텐데.'

나는 걱정이 되어 잠도 자지 않았다.

아침에 나는 학교에 가지 않겠다고 했다. 배도 아프고 머리도

아프고 온몸이 쿡쿡 쑤셔서 도저히 갈 수 없다고 꾀병을 부렸다.

"그럼 병원에 갔다 학교에 가."

엄마는 나를 당장 병원에 데리고 갔다. 나는 아프지도 않으면서 주사를 맞고 약도 먹었다. 콩닥거리고 걱정이 가득한 마음에 맞는 주사가 있었으면 그걸 맞으면 좋을 텐데.

동진이는 나를 보자마자 욕을 퍼붓기 시작했다. 고자질쟁이라면서 말이다. 그러면서 우리 엄마도 고자질쟁이라고 몰았다. 엄마까지 그런 말을 듣는데 화가 났다. 하지만 동진이에게 대들지 못했다. 그러면 더 많은 욕을 얻어먹을 테니 말이다.

"한 번만 더 그러면 가만 안 둬."

동진이는 이를 악물고 말했다.

가만 안 둔다는 말에 가슴이 더 뛰기 시작했다. 욕이 철렁대는 강물에 풍덩 빠지는 느낌이었다.

저녁부터는 진짜 아프기 시작했다. 열도 나고 배도 아팠다.

"우욱."

뭘 먹기는커녕 침만 삼켜도 구역질이 올라왔다.

"아침에 병원 갔다 왔는데 어떻게 더 심해졌어? 왜 이러지?"

엄마는 물수건을 내 이마에 갈아주며 어쩔 줄 몰라했다.

"엄마. 나, 다른 학교로 전학가면 안 돼?"

나는 엄마 손을 잡고 말했다. 엄마가 두 눈을 동그랗게 떴다.

엄마는 이유가 뭐냐고 꼬치꼬치 물었다. 엄마가 이해할 수 있는 이유면 전학을 시켜 준다고 했다. 나는 울면서 그동안 동진이와 사이에서 있었던 일을 모두 말했다.

"당장 동진이 집에 가자."

엄마는 내 손을 잡아끌었다.

"뭐라고? 우리 동진이가? 우리 동진이는 공부도 잘하고 예의도 바른 모범생이야. 호철이 엄마도 알잖아. 그런데 우리 동진이가 그렇다니. 그걸 말이라고 해?"

동진이 엄마는 도리어 나를 의심했다.

"호철이 너, 우리 동진이한테 샘 부리니? 그래서 일부러 그렇게 몰아붙이는 거야?"

이러면서 말이다.

"우리 호철이가 거짓말을 했겠어? 동진이 나오라고 해 봐. 일단 말 좀 들어 보자."

엄마는 물러서지 않았다.

동진이 방문을 열었을 때 동진이는 방구석에 쪼그리고 앉아 있었다. 머리를 무릎에 묻고 있었다.

"동진아. 엄마랑 얘기 좀 하자. 호철이가 이상한 말을 하는데 아니지? 네가 아니라고 분명하게 말해."

동진이 엄마가 동진이 고개를 들어 올렸다. 동진이가 벌겋게 달아오른 얼굴로 바들바들 떨었다.

"얘가 왜 이래? 동진아."

동진이 엄마가 동진이 어깨를 잡고 흔들었다.

"놔, 놓으라고!"

동진이는 몸부림을 쳤다. 그러고는 고래고래 소리를 질렀다. 처음 보는 동진이의 모습이었다.

"거 봐. 동진이가 이상하잖아."

엄마가 말했다. 그러자 동진이 엄마는 엄마를 쏘아봤다.

"아니라고 했잖아? 우리 동진이가 호철이한테 그랬다면 그럴만하니까 그랬겠지. 우리 동진이는 아무 이상 없어. 문제없다고."

동진이 엄마가 나와 엄마 등을 현관 쪽으로 마구 밀었다.

 ## 생각해 보아요!

🌸 언어폭력은 신체적 폭력보다 심각합니다. 신체적 폭력은 상처에 약을 바르고 적당한 치료를 하면 큰 흉터 없이 아무는 경우가 많아요.

언어폭력은 피해자나 가해자 모두에게 지울 수 없는 상처를 남기지요. 어렸을 때부터 언어폭력에 노출된 아이는 뇌 발달이 느립니다. 그러나 피해자만 피해를 입는 것은 아니지요. 어렸을 때부터 거칠고 험한 말과 욕설을 자주 쓴 아이도 마찬가지로 뇌의 발달이 느립니다. 자신의 감정을 적절하게 표현하지 못하기 때문이지요. 아이들이 언어폭력을 행사하는 것은 자신의 뇌를 상처주는 일입니다.

결국 언어폭력은 가해자나 피해자 모두가 피해를 입는 일이랍니다.

🌸 많은 부모님이 언어폭력에 있어서 '우리 아이는 그런 아이가 아니야.' 라는 믿음으로 아이들의 언어습관에 문제가 있다는 것을 인지하지 못한다고 해요. 왜냐하면 부모님 앞에서는 거친 욕설이나 은어를 사용하지 않는 아이들이 많거든요. 하지만 요즘 대부분의 아이들은 욕설을 비롯한 비속어, 은어에 노출되어 있어요. 밥을 먹고 잠을 자는 것처럼 그런 말을 일상으로 쓰는 경우가 허다하지요.

부모님이 가정에서 아이의 언어습관을 진단하고 바른 언어, 남에게 상처주지 않는 고운 언어를 쓸 수 있도록 해 주어야 해요. 가정에서의 건강한 대화가 그 방법이에요. 상대편을 조롱하지 않고 비방하지 않으며 윽박지르지 않고 상대의 말에 귀 기울는 것, 그것이 건강한 대화랍니다.

외모로 사람을
판단할 수는 없어요

이야기 5

다리를 절룩거리니까 맛없을 거야

수빈이는 주머니 속 돈을 만지작거리며 용호를 기다렸어요. 분식집에서 고소하고 달콤한 냄새가 풍겨져 나왔어요. 수빈이도 모르게 침이 꼴깍 넘어갔어요.

수빈이는 초등학교에 입학해서 아홉 달이 지난 지금까지 하루도 빠지지 않고 분식집에서 닭꼬치를 사 먹었어요.

엄마가 회사에 다니기 때문에 수빈이는 학교를 마치면 바로 학원으로 가야 해요. 학원이 끝나면 또 다른 학원에 가야 하고 엄마가 집에 돌아오는 시간까지 밖에서 돌아다녀야 해요.

　그러다 보면 배가 고프니까 엄마는 늘 간식을 사 먹을 돈을 넉넉하게 준답니다.

"오늘은 만두 사 먹어. 찐빵도 좋고."

"오늘은 어묵이랑 떡볶이 사 먹어."

　엄마는 아침에 돈을 주며 이렇게 말해요. 하지만 수빈이는 오직 한 마음으로 닭꼬치만 먹어요. 닭꼬치도 종류가 여러 가지예요.

　치즈를 뿌린 치즈 닭꼬치, 고추장 양념이 듬뿍 발린 매운 닭꼬

치, 달콤한 간장 닭꼬치. 수빈이는 그중에서 매운 닭꼬치를 제일 좋아해요. 입술이 부르트도록 매운 닭꼬치를 호호거리며 먹는 게 참 재미있거든요.

그런데 며칠 동안 분식집이 공사를 했어요. 분식집 안을 새롭게 바꾸는지 문을 닫고 쿵쾅쿵쾅 망치소리가 들렸거든요. 그러더니 오늘 드디어 다시 문을 열었어요.

"수빈아!"

침을 꼴깍꼴깍 삼키고 있는데 용호가 교문을 가로질러 달려왔어요. 두 팔을 벌리고 힘껏 달리는 용호는 금방이라도 엎어질 것처럼 아슬아슬했어요.

"으아악!"

저것 봐요. 용호는 개구리처럼 철퍼덕 바닥에 넘어지고 말았어요. 저럴 줄 알았다고요.

"아이 아파. 수빈이 네가 분식집 안으로 들어가는 줄 알고 달려오다가 넘어졌어."

용호는 눈물을 뚝뚝 떨어뜨리며 말했어요.

"분식집에 들어가면 너도 들어오면 되는 거지. 어! 어쩌니?"

수빈이는 구멍이 뚫린 용호 바지를 가리켰어요. 넘어지는 바람에 무릎 부분에 뻥 하고 구멍이 났어요.

"분식집에 들어가면 안 돼. 이제 저 집에서 안 사먹을 거야."

용호는 바지를 쓱쓱 문지르며 말했어요.

"왜?"

"분식집 주인아줌마가 바뀌었어. 이렇게 절룩거리는 아줌마로."

용호는 다리를 절룩거리며 걷는 시늉을 했어요.

"다리를 저는 아줌마가 만든 닭꼬치는 분명 맛도 없을 거야. 큰 사거리에 있는 분식집으로 가자."

용호는 수빈이 손을 잡아끌었어요.

"절룩거리는 아줌마가 만들면 맛없어?"

"당연하지. 다리를 절룩거리는데 닭꼬치가 맛있겠어? 그리고 더럽기도 하고."

"다리를 절룩거리면 더러운 거야?"

"당연하지."

수빈이와 용호는 바람처럼 달려 큰 사거리로 갔어요. 큰 사거리에 있는 분식집 닭꼬치는 학교 앞 분식집에서 파는 거보다 이백 원이나 비쌌어요. 용호는 맛이 있다고 감탄을 하면서 닭꼬치를 먹었지만 수빈이는 솔직히 별로였어요.

"맛없어."

수빈이는 용호 귀에 대고 속삭였어요.

"이게 맛있는 거야. 너는 맛도 모르니?"

용호는 공연히 화를 냈어요.

"나는 절대 절룩거리는 아줌마가 만든 맛없고 더러운 닭꼬치는 안 먹을 거거든."

용호가 힘주어 말했어요.

다음 날이었어요.

"애들아. 학교 앞에 분식집 아줌마 바뀌었다."

쉬는 시간에 용호가 일어나서 큰 소리로 말했어요.

"그런데 이런 사람이다."

용호는 절룩거리며 앞으로 나갔어요. 그리고 여전히 절룩거리며 왔다 갔다 했어요.

"아마 음식도 맛없을 거야."

용호는 수빈이를 쳐다보며 말했어요. 어제 수빈이가 큰 사거리 닭꼬치 맛이 별로라고 해서 화가 난 게 분명해요.

그동안 용호가 하는 말에 수빈이는 무조건 "응, 맞아" 이렇게 해 주었었거든요.

"다리가 아프다고 음식도 못하는 거 아니야."

그때였어요. 엊그제 새로 전학 온 선미가 들릴 듯 말 듯 말했어요. 뭐가 부끄러운지 고개를 푹 숙이고 말이에요.

"뭐?"

앞에서 왔다 갔다 하던 용호가 선미 쪽으로 고개를 휙 돌렸어요.

선미 목소리는 아주 작았는데 용호는 참 귀도 밝아요.

"노선미. 네가 뭘 알아? 너희 아빠는 방글라데시 사람이라고 했잖아? 그런데 네가 뭘 알아? 얼굴은 새까매가지고, 흥!"

용호가 콧방귀를 뀌었어요. 그러자 선미는 고개를 더 숙였어요. 선미 목덜미가 빨개졌어요.

'선생님이 선미 아빠가 방글라데시 사람이라도 선미랑 친하게 지내야 한다고 했는데.'

수빈이는 용호가 심하다는 생각이 들었어요.

"새깜둥이, 새깜둥이. 너희 나라로 가."

용호는 선미에게 다가가 큰 소리로 놀리기까지 했어요. 그러자 선미가 고개를 들었어요.

"우리 아빠는 방글라데시 사람이지만 우리 엄마는 한국 사람이야. 그러니까 나도 한국 사람이야. 여기가 우리 나라야."

선미는 줄줄 흐르는 눈물과 콧물을 닦을 생각도 하지 않고 말했어요.

"그만해."

수빈이가 용호를 말렸어요.

다음 날 선미는 학교에 오지 않았어요.

"선미는 배탈이 나서 못 왔어요."

선생님은 이렇게 말했어요. 하지만 수빈이는 용호 때문에 선미가 학교에

오지 않은 것 같았어요.

선미는 3일이 지나서야 학교에 왔어요. 3일 전보다 얼굴이 훨씬 홀쭉해졌어요.

"많이 아팠니?"

수빈이는 용호가 화장실에 간 사이 선미에게 살짝 물었어요.

"응?"

선미는 수빈이가 말을 시키자 놀란 모양이에요. 그 큰 눈을 더 동그랗게 뜨고 되물었어요.

"많이 아팠냐고?"

수빈이는 다시 말했어요. 선미는 고개를 잘래잘래 저었어요.

선미 두 눈에 웃음이 곰실곰실 피어올랐어요.

"우리 집에 가자. 우리 엄마는 뭐든 맛있게 잘해."

수업이 끝나고 선미가 수빈이에게 다가와 말했어요.

"뭐든?"

"응. 뭐든. 우리 엄마는 요리사 자격증도 있거든."

와! 요리사 자격증까지 있으면 정말 대단한 거예요.

"뭘 제일 잘 만들어?"

수빈이는 침을 삼키며 물었어요.

"닭꼬치."

"닭꼬치? 나도 닭꼬치 무지 좋아하는데. 너희 집 멀어? 너무 멀면 못 가는데. 학원 가야 하거든."

"아니, 가까워."

그렇다면 정말 다행이에요.

수빈이는 선미 손을 잡고 교문을 나섰어요.

선미는 수빈이 손을 잡고 바로 학교 앞에 있는 분식집으로 들어갔어요. 그러고는 빨간 앞치마를 두르고 절룩절룩 걷는 아줌마에게 엄마라고 불렀어요.

수빈이는 어리둥절했어요.

"우리 엄마가 분식집 주인이야."

선미 엄마는 수빈이에게 매운 닭꼬치도 주고

치즈 닭꼬치도 주었어요.

둘이 먹다 둘이 다 사라져도 모를 정도로 맛있었어요.

"학교 마치고 배고프면 놀러 와. 선미 친구니까 아줌마가 돈 안 받고 닭꼬치 줄게."

선미 엄마는 마음도 천사였어요.

수빈이는 닭꼬치를 네 개나 먹고 분식집에서 나왔어요. 그런데 용호가 분식집 옆에 서 있었어요.

"뭐야? 수빈이 너 거기 갔던 거야? 큰 사거리로 가자고 했잖아. 나는 너 화장실 간 줄 알고 여기서 기다리고 있었단 말이야."

용호는 수빈이를 보자마자 화를 냈어요.

"여기 닭꼬치 맛이 정말 끝내줘."

수빈이는 안으로 들어가 매운 닭꼬치를 하나 샀어요. 선미 엄마가 돈을 안 받겠다고 했지만 수빈이는 억지로 주었어요.

"이거 먹어 봐. 여기가 선미네 집인데 선미 엄마는 정말 음식 솜씨가 좋아. 다리하고 음식 솜씨하고는 상관없는 거야."

수빈이는 용호에게 닭꼬치를 내밀며 한쪽 눈을 찡긋거렸어요.

용호는 찡그린 얼굴로 닭꼬치를 입에 넣었어요.

우물우물!

용호 얼굴이 점점 환해졌어요. 용호는 헤벌쭉 웃었어요. 웃는 걸 숨기려고 고개를 숙였지만 수빈이는 다 보았어요.

 생각해 보아요!

🌸 각 개인의 능력을 생각하기 전에 외모로 능력을 평가하는 일이 참 많아요. 그래서 외모로 사람을 무시하는 말을 참 많이 해요.

신체 한 부분에 장애가 있다고 그 사람이 모든 것을 다 못할 거라고 생각하는 일도 있지요. 어느 도서관에서 장애가 있는 사람을 직원으로 채용했어요. 많은 사람이 책을 빌리고 반납하면서 "저런 사람이 무슨 일을 해?" 이러면서 고개를 갸웃거렸어요. 대부분 '못 할 거야.' 이렇게 생각했어요. 어떤 사람은 말을 잘 알아들을 수 없다고 직원을 바꿔 달라고 했어요. 장애인이 왜 이런 곳에서 일을 하느냐고요. 솔직히 말을 못 알아들을 정도는 아니었지만 장애를 갖고 있기 때문에 그랬던 거지요. 하지만 그 사람은 자신이 맡은 일을 아주 훌륭하게 해 냈어요.

우리나라에는 많은 외국인들이 일을 하고 있어요. 우리나라 사람과 결혼해서 살고 있는 사람도 많고요. 그런데 우리나라보다 어려운 나라에서 왔다고 해서 우리는 그 사람들을 많이 무시하지요. 무시하는 마음은 말로 나오게 되어 있어요.

"너희 나라로 가!"

"음식을 나르는 손은 씻었어? 왜 저렇게 까매?"

우리가 흔히 하는 말이에요. 너무나 많은 사람이 하는 말이기 때문에 따라하면서도 아무렇지도 않게 생각해요. 이렇게 생각 없이 하는 말 때문에 그 사람들은 참을 수 없을 만큼 슬퍼진다고 해요.

🌸 여자와 남자라는 성이 다름을 가지고 능력을 판단하는 일도 많아요.

"저 사람은 여자니까 이 일은 못 할 거야."

"남자가 무슨 이런 일을 해?"

이러면서 '무슨 남자가', '무슨 여자가' 이런 말을 쉽게 하기도 해요. 이것도 언어폭력이에요.

사람의 능력은 여자와 남자로 나뉘는 게 아니에요. 옛날 어른들은 남자가 부엌 가까이 가면 아주 큰일이 나는 줄 알았어요. 하지만 지금 유명한 요리사들은 대부분 남자들이에요.

옛날 속담에 '암탉이 울면 집안이 망한다.'라고 해서 여자가 밖에 나가 일하는 것을 큰 흉으로 알았어요. 그러나 지금은 남자만 하는 일이라고 생각했던 직업에 많은 여자들이 두각을 나타내고 있답니다.

인터넷 언어폭력

이야기 6

태풍과 왕눈이 만세

장수는 슬그머니 침대에서 일어났다.

"게임하지 말고 자라."

"내일 아침에 늦잠 자면 알아서 해라."

조금 전까지 엄마 목소리로 쩌렁쩌렁 울리던 집 안이 쥐 죽은 듯 조용해졌다. 장수는 방문에 귀를 대어 보고 난 다음 컴퓨터를 켰다. 이제부터는 장수 마음대로다.

장수는 요즘 인터넷 검색에 푹 빠져 있다. 밤새 인터넷을 헤엄쳐 다니느라고 새벽이 되어서야 겨우 잠든다.

처음에는 아이돌 팬클럽 카페나 뉴스 기사 아래에 달린 댓글을 구경만 했다.

"와. 사람들 진짜 욕 잘한다."

장수는 댓글을 처음 읽었을 때 너무 놀라서 가슴이 콩닥거리고 얼굴이 빨개졌다. 욕뿐만이 아니었다. 사실인지 아닌지 확인도 할 수 없는 말도 많았다. 텔레비전에 나와 30살이라고 말하던 어떤 가수의 진짜 나이는 40살이라고 했다. 어떤 사람은 43살이라고 했다. 키가 180센티미터라고 자랑스럽게 말하던 탤런트의 원래 키는 170센티미터라고도 했다. 키 높이 신발을 신고 180센티미터라고 한다는 것이다.

그런 댓글이 달리면 그 밑으로 '거짓말쟁이', '뻥튀기장사', '뻥쟁이'를 비롯해서 얼굴이 뜨거워지는 댓글이 수없이 달렸다.

며칠 구경만 하던 장수가 용기를 내어 첫 댓글을 단 것은 예능 프로그램에 나오는 아역 탤런트 아빠 때문이었다.

척 보는 순간 '똑똑하게 생겼구나!' 이런 마음이 드는 아역 탤런트의 IQ가 150이라고 그 아이의 아빠가 자랑스럽게 말했다. 장수는 IQ 150이 어느 정도인지 잘 몰라 엄마에게 물었다.

"다섯 살짜리가 150이라고? 아이고 누구네 아이인지 모르지만 천재네, 천재. 그게 가능한가? 장수 너는 초등학교 4학년인데 100이나 되려나? 아니다, 몇 년 전에 문화센터인가 어디서 무료로 검사해 준다고 해서 했을 때 90이 조금 넘었던 것 같기도 하고. 누구를 닮아서 머리가 나쁜지. 뭐, 하긴 그런 거 너무 믿지 말라고 하긴 하더라."

엄마는 IQ가 150이라는 말에 혀를 내두르며 놀라워했다. 누구 닮아서 머리가 나쁜지라는 말을 할 때는 한심한 눈빛이었다. 장수는 자존심이 상했다.

그날 저녁 장수는 댓글을 달았다.

─거짓말하지 마세요. 150은 무슨.

그런데 장수 댓글 아래에 바로 다른 댓글이 달렸다.

- 어이, 너는 90도 안 되지?……

장수는 90이라는 댓글을 본 순간 가슴이 덜컥 내려앉았다.

- 아니거든요.

- 초딩! 엄마 젖 더 먹고 와.

헉! 장수는 또 가슴이 덜컹거렸다. 장수가 초등학생인 걸 어떻게 알았을까? 얼굴도 볼 수 없고 목소리도 들을 수 없는데 말이다.

장수는 댓글들을 읽고 또 읽어 봤다. 가만 보니 댓글에는 똑같은 점이 하나 있었다. 높임말을 쓰지 않는다는 것이다.

'아! 내가 높임말을 써서 초등학생인 걸 알았구나.'

장수는 그제야 깨달았다.

장수는 그날부터 댓글을 달 때는 절대 높임말을 쓰지 않았다. 욕도 마구마구 썼다. 신기하게도 욕은 하면 할수록 재미가 있었다. 남의 험담도 하면 할수록 더 신이 났다. 꾸며 낸 말도 자꾸 하다 보니 진짜처럼 느껴졌다.

며칠 뒤, 장수는 깜짝 놀랐다. 아역 탤런트 아빠가 텔레비전에 나와 펑펑 울었다. 살이 쏙 빠져 얼굴이 주먹만큼 작아져 있고 광대뼈도 불룩하니 나와 있었다.

"제발 악플을 달지 말아 주세요. 우리 아이가 다섯 살이기는 해도 한글을 읽을 줄 알고 인터넷도 할 줄 알아 자기 기사를 찾아 읽어요. 나쁜 말들을 보고 매일 울고불고 난리도 아니에요."

아역 탤런트 아빠는 손등으로 계속 눈물을 훔쳐 냈다.

"그렇습니다. 악플 때문에 우울증에 걸리거나 스스로 잘못된 선택을 하는 연예인들이 많았습니다. 자제해 주셔야 할 거 같습니다."

사회자가 고개를 끄덕이며 말했다.

"아이고, 할 일 없는 것들. 왜 남의 일에 그렇게들 관심이 많아. 그리고 남의 일을 좋은 쪽으로 보려고 하지 않고 무조건 나쁘게만 생각하려고 하나 몰라."

아빠가 혀를 끌끌 찼다.

"에이, 형님. 그거는 형님이 몰라서 하는 말씀이세요. 별로 잘나지도 않았으면서 잘난 척하는 사람이 얼마나 많은데요."

텔레비전을 보는 내내 콧방귀를 뀌어 대던 삼촌이 말했다.

"그렇다고 그렇게 얼굴도 마주 보고 얘기를 하는 것도 아니고 인터넷에서 욕을 해? 우울

증이 걸릴 정도로 괴롭혀?"

"형님. 누군지 모르니까 막 말해도 되는 거지요. 더 좋은 거……."

"야!"

아빠가 소리를 버럭 질렀다.

"얼굴을 모른다고 잘 알지도 못하면서 남의 일에 함부로 말하면 안 되는 거다. 너는 남의 일에 상관하지 말고 공부 열심히 해서 어서 취직할 생각이나 해라. 안 그러면 시골로 쫓아 버릴 테니."

아빠가 삼촌을 향해 눈을 부릅떴다.

밤이 깊을수록 장수 눈은 더욱 빛이 났다. 머릿속도 맑아졌다. 밤을 꼬박 새도 괜찮을 것 같았다.

"어? 이거 뭐지?"

장수는 눈을 크게 뜨고 화면을 바라봤다.

"빈도리가 불우 이웃 성금으로 2억을 냈다고? 헉! 2억이라고?"

장수는 침을 꼴깍 삼키며 부지런히 손가락을 꼽아 봤다.

'2억이면 동그라미가 대체 몇 개야?'

장수가 손가락을 꼽아 보는 사이 순식간에 댓글이 늘어나기 시작했다.

- 빈도리는 남에게 잘 보이려고 그러는 거야.

- 빈도리 또 착한 척하는군.

- 돈 많다고 자랑해?

- 원래 그래. 남에게 잘 보이려고 하고 착한 척하고 돈 있는 척하고.

댓글은 읽을 시간도 주지 않고 줄줄 달렸다. 빈도리는 직접 운전을 할 때는 절대 신호도 안 지킨다, 친한 친구한테 돈을 빌린 뒤 안 갚았는데 친구가 돈을 갚으라고 하자 밤마다 전화를 걸어 못살게 군다, 어느 음식점에서 음식점 주인과 싸웠는데 그때 세상에 돌고 도는 욕은 다 했다, 등등. 댓글이 사실이라면 빈도리는 아주 나쁜 사람이었다.

그뿐만이 아니다. 빈도리는 초등학교 때부터 엄마 속을 징글징글하게 썩이고 고등학교 때는 날이면 날마다 가출을 하고 공부하고는 벽을 쌓고 살았던 비행 청소년이었다고 했다.

장수는 댓글을 읽으며 신이 났다. 그 말들이 정말인지 거짓말인지는 중요하지 않았다. 그저 재미만 있으면 되었다.

장수는 골똘히 생각했다. 장수도 다른 사람들이 재미있고 신나 할 말을 달고 싶었다.

'좋아! 이 말을 쓰면 재미있겠다.'

장수는 좋은 생각이 떠올랐다.

-빈도리는 길에서 오줌을 눈다.

장수는 댓글을 달며 킥킥거렸다. 등을 돌리고 길에서 오줌을 누는 빈도리의 뒷모습이 눈앞에 떠올랐다.

장수 댓글 아래에 바로 댓글이 달렸다.

-초딩! 깝치지 말고 엄마 젖 더 먹고 오지?

태풍이라는 아이디였다.

'내가 초등학생인 걸 또 어떻게 알았지?'

장수는 자신이 달았던 댓글을 다시 읽어 봤다. 분명 높임말을 쓰지 않았는데.

-나 초딩 아니거든. 이 유딩아

장수는 태풍에게 대들었다. 태풍은 얼굴이 알려진 가수가 길에

서 오줌을 왜 누느냐면서 그런 생각은 초등학생이 아니면 안한다고 했다. 그러면서 큰 소쿠리에 꾹꾹 눌러 담아도 넘칠 정도로 욕을 해 댔다.

-왜 욕하냐? ○○아.

장수도 질 수 없었다.

태풍은 아이디처럼 강했다. 태풍이 해 대는 욕에 장수는 머리가 터지고 코피도 나는 것 같았다. 멍이 드는지 온몸이 욱신거리기도 했다.

"아. 열받아."

장수는 의자에서 일어났다. 화를 내서인지 목이 말랐다.

"물 마시고 와서 보자, 태풍 이 졸라 ○○아."

장수는 방문을 벌컥 열어젖히고 주방으로 걸어갔다.

"태풍 ○○○ 죽었어. ○○○"

그때였다.

"왕눈이 만세, 이○○ 오늘 죽었어. ○○○○해서 ○○○."

주방에서 삼촌이 물컵을 들고 나오며 차마 입에 담지 못할 욕을 해 대고 있었다. 장수는 황급히 욕하던 입을 다물고 걸음을 멈췄다. 삼촌도 깜짝 놀라 눈을 동그랗게 뜨고 장수를 바라봤다.

'왕눈이 만세'는 장수 아이다.

"장수 너 조금 전에 뭐라고 했냐? 태풍이라고 했냐?"

삼촌이 물었다.

"내, 내, 내가 언제? 그러는 삼촌은 뭐라고 했어요? 왕눈이 만세라고 했어요?"

"얘, 얘가 무슨 말을 해? 나는 그런 말 한 적 없는데?"

삼촌이 목을 큼큼거리며 얼굴을 돌렸다. 장수도 얼른 고개를 돌렸다. 장수와 삼촌은 한참 동안 그러고 서 있었다.

 ## 생각해 보아요!

🌸 컴퓨터의 발달로 인터넷은 우리와 떼려야 뗄 수 없는 관계가 되었어요. 그러다보니 사이버상의 언어폭력이 심각할 정도가 되었지요.

사이버 언어폭력이란 사이버 공간에서 언어로 다른 사람에게 불쾌감을 주거나 피해를 주는 것을 말해요. 악성 댓글이나 밝혀지지 않은 일을 사실처럼 퍼뜨리는 것, 그리고 욕설 등으로 알지도 못하는 사람들에게 피해를 주고 피해를 입는 일이 참 많아요.

사이버상에서는 상대방의 이름이나 얼굴을 알 수가 없어요. 그래서 더 마음 놓고 언어폭력을 행사하는 경우가 많아요.

몇몇 유명한 연예인이 사이버상의 악성 댓글에 괴로워하고 우울해 하다가 스스로 옳지 못한 선택을 하는 일도 있었어요. 악성 댓글을 남긴 사람들은 자신들이 직접적인 책임이 없다고 생각할지 몰라요. 하지만 말로 상처를 주었으니 직접적인 책임이 있는 것이에요.

🌸 사람들은 새로운 공간에 자신의 흔적을 남기고 싶어 하는 욕구가 있다고 해요. 사이버상에서 내가 쓰는 언어는 곧 나의 얼굴이고 이름이랍니다.

7

스마트폰 언어폭력

이야기 7

나는 재수 없는 아이도 미운 아이도 아닙니다

나지는 교문 앞에 멈춰 섰다.

교문 안으로 들어갈 용기가 나지 않았다.

나지는 학교 담을 돌고 돌아 큰길로 빠져나갔다.

'내가 학교에 가지 않는다고 해서 찾는 사람도 없을 거야.'

나지는 횡단보도를 건너고 지하도를 건넜다. 쇼핑센터가 있는 큰 사거리와 공원도 지났다.

한 번도 와 보지 않는 낯선 동네에 도착해서야 나지는 걸음을 멈췄다. 나지는 햇볕이 따뜻한 길 옆에 털썩 주저앉아 휴대전화를 꺼냈다.

　선생님에게 칭찬받은 것은 나지 잘못이 아니었다. 그런데 민지를 비롯한 아이들은 그게 모두 나지 잘못인 것처럼 몰아붙였다.

　나지는 꺼 놨던 휴대전화를 켜고 4학년 5반 단체 채팅 방에 들어갔다. 지금은 수업 시간이라 그런지 채팅 방은 조용했다.

　나지는 어제 밤까지 올라온 글을 읽어 봤다.

- 샘한테 애교 떠는 거 봤어?
- 애교 완전 쩔었어.
- 그러니까 그림을 못 그려도 칭찬을 받지.
- 재수 없는 아이야.

　나지는 휴대전화를 꺼 버렸다. 그리고 무릎 사이에 얼굴을 묻었다.

아이들이 말하는 재수 없는 아이가 바로 나지다. 애교 떤다고 했던 아이도 바로 나지다. 하지만 나지는 억울하다. 나지는 단 한 번도 선생님에게 칭찬을 받기 위해 애쓴 적이 없다. 아니, 선생님과 잘 하지 않는다.

며칠 전 미술 시간이었다. 수채화를 그렸는데 선생님이 갑자기 나지 그림을 칭찬했다. 아이들 눈이 모두 나지와 나지 그림에 쏠렸다.

"이 그림이 뭐가 잘 그렸어요? 엉망인데."

민지는 입술을 빼물고 볼멘소리를 했다. 민지는 그림을 잘 그리는 아이다. 장래 희망도 의상 디자이너나 화가가 되는 거라고 했다. 민지는 교육비가 아주 비싼 미술 학원에 다니고 있다. 그런데 선생님 칭찬을 나지가 받았으니 그럴 만했다.

나지도 놀랍고 당황스럽기는 마찬가지였다. 태어나서 처음으로 그런 폭풍 칭찬을 받았으니까.

그날 오후부터 민지는 단체 채팅 방에서 나지를 따돌리기 시작했다. 4학년 5반 단체 채팅 방이 꼭 나지를 따돌리기 위해 만들어진 공간 같았다.

민지는 단체 채팅 방에 다른 반 아이들도 초대했다. 나지가 재수 없고 선생님에게 애교를 떨어 칭찬받는다는 소문이 이제 다른 반까지 퍼졌다. 나지는 아이들이 수군거리는 통에 고개를 들고 다닐 수가 없었다.

나지는 참으려고 했다.

-나지는 엄마가 누군지도 모른대. 아빠도 없고 할머니와 둘이 살아.

하지만 이 말은 참을 수 없었다. 나지는 엄마 아빠 얘기하는 것을 제일 싫어하기 때문이다.

　-할머니도 진짜 할머니가 아닐 수도 있대. 고아일 수도 있어.

민지가 채팅 방에 이 글을 올렸을 때 나지는 폭발했다. 그날 나지는 민지가 다니는 미술학원 앞에서 민지를 기다렸다. 그러고는 학원 문을 나서는 민지에게 따지며 대들었다.

"우리 할머니 진짜 할머니 맞아. 왜 알지도 못하면서 고아라고 해?"

나지네 집에 있는 사진첩에는 나지가 아기였을 때 사진이 있다. 그 사진 속에는 엄마도 있고 아빠도 있다.

"내가 언제 고아라고 했어? 고아일 수도 있다고 했지."

민지도 지지 않았다.

"네 말에 다른 아이들이 모두 내가 고아인 줄 알잖아."

"그러거나 말거나. 내가 왜 남의 생각까지 참견해야 해?"

민지는 콧방귀를 뀌었다.

"에잇."

나지는 너무 화가 나서 민지가 들고 있던 휴대전화를 빼앗아

던져 버렸다.

"으악. 내 스마트폰."

민지는 펄쩍펄쩍 뛰며 어쩔 줄 몰라 했다.

"물어내. 이거 얼마짜리인 줄 알아? 우리 아빠가 내 생일날 선물해 준 최신식 스마트폰이라고. 백만 원도 넘어."

민지는 액정이 깨진 휴대전화를 집어 나지 턱밑에 들이밀었다. 백만 원이 넘는다는 말에 나지는 정신이 번쩍 들었다. 혹시 고치면 다시 쓸 수 있지 않을까, 액정만 갈면 되는 거 아닐까, 만약 완전하게 못 쓰게 된 거면 어쩌지? 온갖 생각들이 한꺼번에 나지 머릿속에 떠올랐다.

민지 휴대전화는 액정만 갈면 쓸 수 있다고 했다. 하지만 민지는 새 것을 사야 한다고 고집을 부렸고 결국 나지 할머니는 민지에게 새 휴대전화를 사 주었다.

나지는 그게 끝인 줄 알았다. 새 휴대전화를 사 주면 단체 채팅 방에서 나지를 괴롭히지 않을 줄 알았다. 하지만 아니었다. 민지는 절대 나지를 놔주지 않았다. 나지가 집에 있어도 놀이터에 있어도 아이들은 채팅 방에서 나지를 질질 끌고 다녔다.

"휴우."

나지는 땅이 꺼질 것처럼 한숨을 내쉬었다. 이대로 어디론가 사라지고 싶었다. 나지는 자신을 칭찬한 선생님마저 원망스럽고 미웠다.

'신문고를 울릴까?'

나지는 문득 그 생각이 들었다. 하지만 이내 고개를 저었다.

학교에는 신문고라는 상자가 있다. 교무실 앞 벽에 걸린 상자인데 선생님에게 도움을 청할 일이 있으면 그 안에 사연을 적어 넣으면 되는 거다. 사연을 적는 사람의 이름은 쓰지 않아도 된다. 원래 신문고라는 것이 그렇다고 했다.

'내가 그랬다는 걸 알면 더 괴롭힐 거야.'

나지는 엉덩이를 털고 자리에서 일어났다.

4학년 5반 단체 채팅 방에서 자신을 못살게 구는 아이들을 벌 주라고 사연을 적어 넣는다면 당연히 나지가 그랬다는 걸 모두가 알게 될 것이다.

지난번에 6학년 남자아이 한 명도 자기에게 매일 욕하고 따라다니는 친구를 어떻게 좀 해 달라고 신문고에 사연을 넣었다. 그런데 세상에 비밀은 없다고 그 남자아이가 사연을 넣은 것이 금세 소문이 났고 그 남자아이는 더 괴롭힘을 당했다고 했다. 오죽하며 전학을 가고 말았을까.

'차라리 학교를 그만둘까?'

나지는 이런 생각도 들었다. 지금 같아서는 공부를 해도 아무 소용이 없을 것 같았다.

그때였다. 할머니 휴대전화의 번호가 떴다.

"여보세요. 할머니?"

"여보세요. 나지니? 나, 광주 할머니다. 너희 할머니가 교통사고가 나서 병원에 왔다. 빨리 한빛병원으로 와라."

광주 할머니는 황급히 말하고 전화를 끊었다. 광주 할머니는 나지 할머니 채소 가게 옆에서 순대를 파는 할머니다.

나지는 정신없이 달렸다. 교통사고라니, 어디를 다친 걸까? 혹시 많이 다쳤으면 어쩌지? 아니야, 그렇지 않을 거야. 나지는 달리면서 펑펑 울었다.

"아이고. 너희 할머니가 요즘 돈밖에 보이는 게 없는 모양이다. 스마트폰인지 뭔지 그거 물어 주느라고 나한테 돈을 빌려 갔는데 빨리 갚아야 한다고 안하던 배달까지 하다가 교통사고를 당했잖니. 그래도 발목만 살짝 다쳤으니 그나마 다행이다."

광주 할머니는 혀를 차며 말했다.

할머니는 발목에 깁스를 했다. 입원은 하지 않아도 되지만 한동안 장사는 할 수 없게 되었다. 그런데도 할머니는 장사를 하겠다고 고집을 부렸다. 가만히 앉아서 오는 손님만 받으면 된다는 거다.

"할머니. 하지 마. 그러다 더 아프면 어떻게 할 거야?"

나지는 주먹으로 가슴을 쿵쿵 치며 울었다.

다음 날 수업이 끝나고 나지는 교무실 앞으로 걸어갔다. 그냥 참고 견디면 나지 같은 아이가 또 생겨날 수 있다는 생각이 들었다. 민지가 알게 되면 더 괴롭힘을 당할 수도 있다. 하지만 나지는 용기를 내기로 했다. 처음부터 용기를 냈더라면 민지 휴대

전화를 깨뜨리는 일도, 휴대전화 값을 물어 주는 일도 없었을 것이다. 당연히 할머니가 다치는 일도 없었을 것이고.

- 저는 재수 없는 짓도 미운 짓도 나쁜 짓도 하지 않았는데 재수 없는 아이로 나쁜 도둑으로 몰렸습니다. 자꾸 그런 말을 듣다 보니 정말 제가 그런 아이인 것처럼 생각이 들기도 합니다. 차라리 얼굴을 보고 싸우고 한 대 맞는 것이 더 나을 것 같습니다. 단체 채팅 방에서 아이들의 글을 읽으며 저는 제가 꼭 물에 젖어 마구 찢어지고 뭉그러진 종이 같다는 느낌을 받았습니다.

나지는 신문고에 사연을 넣고 돌아섰다. 운동장에 나와 높은 하늘을 쳐다봤다.

"카톡, 카톡, 카톡."

가방에서 카톡 소리가 들렸다. 보나마나 4학년 5반 단체 채팅방에 아이들이 떠드는 소리일 거다. 하지만 이제 나지는 겁나지 않는다.

 생각해 보아요!

🌸 스마트폰의 발달로 지금은 스마트폰을 쓰지 않는 사람이 없을 정도예요. 스마트폰으로는 못하는 게 없지요.

나라 안팎에서 일어나는 새로운 소식, 날씨를 알 수 있고 게임도 할 수 있지요. 또한 편지나 전화 문자, SNS를 통해 세계 어디에 있든 바로바로 소통도 가능하지요. 어른이든 아이든 두 명 이상만 모이면 단체 채팅 방을 만들어 대화를 나누기도 하고요.

그런데 서로 대화를 나누는 방이 새로운 따돌림 방이라고 해요. 물론 다 그런 것은 아니겠지만 오프라인에서 일어나던 일이 이제 SNS 대화방을 통해 일어나고 있다고 해요.

사이버상에서는 얼굴이 보이지 않기 때문에 한 친구가 다른 친구를 비방하면 망설임 없이 쉽게 맞장구를 치게 되지요.

또한 시간과 장소에 상관없이 언제든지 온라인 접속이 가능하기 때문에 한 번 따돌림을 당한 아이는 24시간 괴롭힘을 당하게 되지요.

그리고 한 아이를 따돌리고 괴롭힘으로써 서로가 더 친해진다고 생각하게 돼요. 더 중요한 것은 그것을 나쁜 일이라고 생각하지 않고 장난이나 놀이쯤으로 생각한다는 거예요.

뜻도 모르고 사용하는 말에 상처를 입어요

이야기 8

엄마보고 바보라니?

엄마가 눈을 부릅뜨고 나를 쏘아봤어요. 큰 눈이 개구리눈처럼 톡 튀어나올 것 같아요.

"오서준! 너 지금 뭐라고 했어?"

엄마는 아랫입술을 질끈 깨물며 물었어요.

"에이그. 애들 말이 왜 그런지 모르겠네."

할머니가 거실 한 쪽에서 마늘을 까며 한숨을 푹푹 내쉬었어요.

"내가 뭐?"

나는 입술을 불룩하니 내밀며 따지고 들었어요.

"할머니한테 뭐라고 그랬느냐고?"

아이고 참. 들었으면서 왜 자꾸 그걸 따져 묻는지 모르겠어요.

"할머니, 장난하나요? 이랬어, 왜?"

나는 턱을 치켜들었어요.

"할머니한테 그래도 되는 거야?"

엄마는 더 화를 냈어요. 뭐라고 그랬느냐고 물어서 이렇게 말했다고 대답했는데 왜 화를 더 내는지 모르겠어요. 내가 뭐 할머니한테 반말한 것도 아니고 말끝에 '요'자를 붙였는데 말이에요.

"장난하나요?"

엄마가 내가 했던 말을 다시 했어요.

한 자 한 자 끊어서 또박또박요. 아, 정말 귀찮아 죽겠어요. 왜 자꾸 물은 말을 또 묻나요?

"그깟 장난하나요, 정도는 아무것도 아니야. 그 말은 알아들을 수나 있지. 서준이가 하는 말을 듣고 있으면 무슨 말인지

도통 알아들을 수 없는 말도 많아."

할머니가 손등으로 눈을 쓱쓱 비비며 말했어요. 마늘 냄새에 눈이 따가운가 봐요.

"할머니. 안습이냐요?"

나는 할머니를 바라보며 말했어요.

"저것 봐라. 너는 서준이가 하는 말이 뭔 말인지 알아들을 수 있겠니? 초등학교 1학년이 하는 말이 왜 저렇게 어려워?"

할머니는 고개를 절레절레 저었어요.

"오서준! 그게 무슨 말이야? 안습이냐요?"

엄마가 또 눈을 부릅뜨고 물었어요.

"눈물이 나느냐는 말이야."

"허."

엄마는 기가 막힌지 헛웃음을 웃었어요.

"안습이 눈물이야?"

글쎄요. 그건 잘 모르겠어요. 아무튼 눈물이 난다는 뜻으로 '안습'이라는 말을 쓰는 걸 봤으니까요.

"누구한테 그런 말 배웠어?"

엄마는 아주 큰일이나 난 듯 물었어요. 이것이 뭐 그리 대단한 일이라고 그러는지 모르겠어요.

"텔레비전에서 개그맨도 그러고 5층에 사는 동호 형도 그런 말을 써."

"동호랑 놀지 마."

엄마가 소리를 버럭 질렀어요. 언제는 동호 형이 착하고 공부도 잘하니까 친하게 지내라고 했으면서 말이에요.

"에이. 그 정도 말은 아무것도 아니다."

할머니가 또 말했어요.

"이제 그만 나가서 놀아도 돼?"

나는 다리를 두드리며 물었어요. 벌써 30분도 넘게 벌을 섰더니 다리가 아팠어요.

"너는 지금 야단맞고 있는데 그런 말이 나와? 안 돼!"

엄마는 어림없다는 듯 잘라 말했어요.

"아앙. 처 놀고 싶단 말이야. 놀이터에서 처 놀고 싶다고."

"내가 미쳐. 놀고 싶으면 놀고 싶은 거지 처 놀고 싶은 거는 뭐야? 너, '처'가 무슨 뜻인 줄 알고나 쓰는 거야?"

내가 그걸 알아서 뭐하게요. 몰라도 아무 문제없잖아요. 그냥 놀고 싶다는 것보다 처 놀고 싶다고 하면 많이 놀고 싶다는 것처럼 들리고 얼마나 좋아요.

"안 돼. 오늘은 바른 말 쓰는 교육 좀 해야겠어. 절대 못 놀아."

엄마는 고개를 절레절레 저었어요. 엄마가 고개를 저렇게 크게 젓는다는 것은 정말 안 된다는 뜻이에요.

"엄마. 똘출이냐요?"

나는 화가 나서 소리를 빽 질렀어요.

엄마는 그건 또 무슨 말이냐면서 내 머리를 콩 쥐어박았어요. 눈앞에서 별이 우수수 떨어졌어요. 나는 참을 수가 없었어요.

엄마면 아들 머리를 쥐어박아도 되는 건가요.

"나는 절대 우리 서진이를 때리지 않아. 아이들은 꽃으로도 때리지 말라고 했어." 이러면서 동호 형 엄마한테 자랑도 했으면서요.

나는 엄마를 노려봤어요.

엄마가 또 '허!' 하고 헛웃음을 웃었어요. 천장을 쳐다보면서요.

"엄마 나 미워하냐요?"

나는 또박또박 따지고 들었어요.

"미워하냐요가 아니고 미워하나요?"

엄마가 말을 고쳐 주었어요. 그 말이나 저 말이나 다 똑같은 말로 들리는 걸요, 뭐.

"내가 잉여킹이냐요? 엄마 찐찌."

나는 허리에 손을 올리고 대들었어요.

"서준이가 지금 뭐라고 하는 거냐? 영어냐, 중국 말이냐?"

할머니가 마늘 까던 손을 멈추고 물었어요.

"저도 모르겠어요. 너 자꾸 그렇게 외계인 같은 말 쓸 거야? 그런 말을 왜 써?"

왜 쓰긴요, 멋있으니까 쓰지요.

"서준아. 그게 무슨 뜻이냐?"

할머니가 부드러운 목소리로 물었어요. 나도 뜻은 잘 몰라요. 똘쭐하고 찐찌는 바보 같다는 말인 것 같고 잉여킹은……. 누군가 나를 미워할 때 쓰는 말 같기도 하고.

그때였어요.

"딩동 딩동."

초인종이 울렸어요. 할머니가 주섬주섬 자리를 털고 일어나 현관문을 열었어요. 동호 형이었어요.

"엄마가 빈 그릇 가져다 드리래요."

동호 형은 빈 접시를 들고 있었어요.

"동호야. 잠깐만 들어와 봐."

엄마가 동호 형 팔을 잡아끌었어요.

"똘추라는 말뜻이 뭐니? 잉여킹은 뭐고 찐찌는 또 뭐야?"

엄마 말에 동호 형은 얼른 대답하지 못하고 우물쭈물거렸어요. 목 뒷덜미가 벌게지면서요. 엄마가 괜찮다고 어서 말하라고 했어요.

"똘추은 바보라는 말이고요, 잉여킹은 쓸모없는 사람이라는 뜻이에요. 그리고 찐찌는 덜 떨어진 사람이고요."

동호 형은 머리를 긁적이며 말했어요.

"안습은?"

"안구에 습기 찬다는 뜻으로 눈물이 난다는 말이에요."

"기막혀. 무슨 그런 말이 다 있니? 누가 그런 말을 하니?"

엄마는 주방으로 가더니 물을 벌컥벌컥 마시고 나왔어요.

"연예인들도 텔레비전에 나와 많이 쓰고요. 아이들도 거의 다 써요. 그런 말을 모르고 쓰지 않으면 유행에 뒤지는 거라고 생각하거든요. 그런 말을 써야 멋지게 보이기도 하고요."

"것 봐. 멋지다고 그러잖아."

나는 어깨를 으쓱 올려 보였어요.

"너는 엄마한테 바보에다 덜 떨어진 사람이라고 말해 놓고 그 말이 멋있다고?"

엄마가 괴물 같은 표정을 지으며 말했어요.

이상해요. 똘출이라고 말할 때나 찐찌라고 말할 때는 잘 몰랐는데 바보에다 덜 떨어진 사람이라는 말을 듣자 조금은 부끄러운 마음이 들었어요. 나는 엄마한테 그런 말을 할 만큼 나쁜 아들은 절대 아니거든요.

동호 형은 엄마 눈치를 보며 돌아갔어요.

"서준아. 엄마는 서준이가 8살이 되는 지금까지 서준이에게 바보라고 한 적은 단 한 번도 없어. 서준이도 알지?"

알아요. 엄마는 그런 말을 쓰지 않아요.

"그런데 서준이한테 엄마가 바보라는 말을 들으면 기분이 어떻겠어?"

많이 나쁘겠지요. 슬프기도 하고요. 세상에 아들이 엄마한테 바보라고 말할 수는 없어요.

"무슨 말인지 모르고 그랬다는 거 알아. 하지만 서준아. 말은 하는 사람이 책임을 져야하는 거야. 네가 아무리 모르고 그랬다고 하더라도 듣는 사람은 그게 아니거든. 만약 엄마가 아니고 선생님한테 그랬다고 생각해 봐."

말도 안 돼요. 어떻게 선생님에게 바보라고 하나요? 그런데 가만…… 지난번에 한 번 선생님에게 똘출이라고 한 적이 있어요. 선생님이 자꾸만 먹기 싫은 김치를 먹으라고 그리잖아요. 설마

선생님이 말뜻을 알고 있는 것은 아니겠지요. 만약 알고 있다면요? 아, 이 일을 어쩌면 좋아요.
"이제 안 그럴 거예요."
나는 엄마와 진심으로 약속했어요.

 생각해 보아요!

🌼 아이들은 같은 또래 집단의 결속력을 중요하게 생각하는 특성이 있어요. 그래서 유행하는 말이나 행동을 그대로 따라하게 되지요. 특히 자신들만이 알아듣는 은어를 사용하려고 해요.

그런데 초등학교 저학년인 경우 자기가 쓰는 말의 뜻이 뭔지도 모르고 텔레비전에서 연예인이 말하니까, 고학년들이 하니까 따라서 하는 경우가 많아요. 뜻을 알고 보면 끔찍할 정도의 욕인데 그것을 모르고 일상어처럼 쓰는 거예요.

문제는 무슨 뜻인지 명확하게 인식하지 못하고 비속어나 은어를 쓰던 아이들은 학년이 올라갈수록 더욱 독하고 강한 욕설을 쓴다는 거예요.

자기가 쓰는 나쁜 말이 무슨 뜻인지 모르고 쓰는 아이들은 그것이 나쁜 말이라고 누군가 지적을 해 주면 사용하지 않는 경우가 많다고 해요. 내가 쓰는 말의 뜻을 정확하게 알고 쓰도록 해야겠지요.